[N]otre-Dame des Victoires

LES GRANDS PÈLERINAGES

LETOUZEY ET ANÉ, ÉDITEURS

3e Édition

Notre-Dame des Victoires

INTÉRIEUR DE L'ÉGLISE

Les Grands Pèlerinages de France

Notre-Dame des Victoires

PAR

G. BREFFY

CURÉ DE NOTRE-DAME DES VICTOIRES

PARIS

LIBRAIRIE LETOUZEY & ANÉ

87, BOULEVARD RASPAIL, 87

1925

Nihil obstat
IV Kal. Aprilis 1925
P. Pisani
Can. dec.

IMPRIMATUR
Parisiis, pridie Kalendas Aprilis 1925.
G. Audollent,
v. g.

PRÉFACE

Ce petit livre devait paraître à la fin de 1914. Il avait la pieuse prétention de remplacer le *Pèlerin de Notre-Dame des Victoires* jadis publié par M. l'abbé Dumax, le zélé sous-directeur de l'Archiconfrérie au temps de M. Desgenettes son fondateur.

Composé d'articles déjà parus dans les *Annales* il offrait aux fidèles, sous le même titre, le même récit descriptif et historique de notre sanctuaire mais allégé et si j'ose dire rajeuni. Nous avions mis un peu d'ordre , de lumière et de vie dans un récit où les faits paraissent rassemblés un peu au hasard ou noyés dans des notes interminables. Quelques nouveaux chapitres renseignaient enfin les lecteurs sur les progrès de l'Archiconfrérie, les œuvres sorties de son sein ou plutôt du cœur Immaculé.

Ces articles avaient plu. On me pressait de les réunir en volume, d'en faire un petit guide bijou des pèlerins de plus en plus nombreux de Notre-Dame des Victoires. Le P. Hébert, d'éloquente mémoire, me promettait une préface.

Mais la guerre est venue et l'infortuné pèlerin de Notre-Dame des Victoires dormait dans la poussière de ma bibliothèque, quand la librairie Letouzey est venue l'en tirer.

Un jour de novembre, M. le premier vicaire entra dans mon bureau une lettre à la main : M. le curé, on nous demande une monographie de Notre-Dame des Victoires pour figurer dans une série d'études consacrées aux différents sanctuaires de la sainte Vierge, que faut-il répondre ? — Répondez que c'est fait, si toutefois vous voulez rassembler les éléments dont je dispose.

Avec la meilleure grâce du monde M. l'abbé Landry se fit mon collaborateur. Avec un goût sûr et une science « infuse » de l'Archiconfrérie qui était certainement une « grâce » de la sainte Vierge il rassembla les éléments épars de mon Pèlerin.

En quelques mois, notre Pèlerin était debout.

Restait à finir un dernier chapitre, celui de la guerre dont Notre-Dame des Victoires a été, comme chacun sait le sanctuaire depuis la mobilisation jusqu'à l'armistice. Sanctuaire où nos soldats venaient renouveler leur courage, où les mères venaient pleurer et les veuves offrir leur sacrifice, sanctuaire où vibraient tous nos espoirs et toutes nos craintes, où convergeaient toutes nos prières à cause de son vocable et de sa dévotion au cœur Immaculé. Ah! ces chapelets de nos grandes journées, pleins de larmes mais si confiants dans la Victoire. Où sont-ils ? Qui s'en souvient ?

Nous avons essayé de les faire revivre et de redire la reconnaissance de la France à Notre-Dame des Victoires.

Le P. Hébert est mort. Nous n'aurons donc pas la préface promise. En souvenir de son ministère tant goûté et si fécond à Notre-Dame des Victoires, je lui dédie ce petit livre. Qu'il veuille bien le bénir et avec lui celui qu'il appelait son ami.

G. B.

Notre-Dame des Victoires

CHAPITRE I

Description générale et aperçu historique.

Il existe à Paris, au centre de la grande ville, dans le triangle formé par la Bourse, le Palais-Royal et la place des Victoires, une église que ni son style, ni ses proportions ne désignent à l'attention des passants. Cependant, un flot ininterrompu de pèlerins, près de 6 000 par jour, la visitent continuellement. Les cierges font un buisson ardent. Les recommandations y affluent par milliers. Chose plus curieuse encore : jusqu'aux voûtes et jusque dans les sacristies, ses murs sont couverts d'ex-voto qui lui font comme un vêtement de miracles.

Cette église, c'est Notre-Dame des Victoires.

*
* *

L'esplanade irrégulière qui lui sert de parvis est connue sous le nom de place des Petits-Pères. Cette appellation se rattache à l'histoire des religieux Augustins, dits Petits Pères, qui élevèrent un couvent à cet endroit en 1628. Arrivés à Paris huit ans plus tôt, ils s'étaient d'abord établis dans une petite maison hors la porte Montmartre, près de l'endroit où depuis a été bâtie l'église Saint-Joseph. Mais la communauté, s'était accrue rapidement, elle dut quitter bientôt ce couvent improvisé, devenu trop étroit.

Non loin de là, en dehors de l'ancienne enceinte du roi Charles V, s'étendait, de la porte Montmartre à la porte Saint-Honoré, un vaste terrain : le mail. Les Augustins en achètent six arpents pour y construire leur nouveau couvent. Mais l'argent manque, et, naturellement, les religieux s'adressent au roi. C'était l'heure de la Providence, qui voulait, en ses desseins miséricordieux, dépassant de beaucoup l'ambition des Petits Pères, établir au cœur même de Paris le culte de la Vierge. Vainqueur des protestants et maître de la Rochelle, de par le secours de la reine des cieux, le pieux Louis XIII, désireux d'acquitter sa dette de reconnaissance, donna l'argent demandé, à la condition que l'église du couvent porterait le titre de Notre-Dame des Victoires.

Le 9 décembre 1629, François de Gondi, archevêque de Paris, bénissait solennellement les fondations de la nouvelle église et Louis XIII en posait la première pierre : « Le neuvième de décembre 1629, qui fut le deuxième dimanche de l'Avent, Louis XIII, accompagné de toute sa cour, suivi du prévôt des marchands, des échevins, et suivi d'un peuple infini, vint dans la nouvelle église, descendit dans les tranchées de fondation; messire Jean-François de Gondi, archevêque de Paris, bénit la première pierre, et le prince, la truelle à la main, offrit à la sainte Vierge le temple qu'il commençait à lui bâtir [1]. »

1. Auteur anonyme.

Sur cette première pierre : un bloc de marbre noir, était gravée en lettres d'or une inscription commémorative, et aux angles quatre médailles d'argent, frappées pour la circonstance, figuraient la Vierge, saint Augustin, patron des religieux, Louis XIII et les armes de France et de Navarre.

De ces médailles nous avons la description : la première, à l'effigie de Notre-Dame des Victoires, figure une Vierge à l'enfant, couronnant des deux mains le chiffre royal. Autour de la médaille court cette inscription : *Virgo cælo, sibi, nobis, laurea donat* « Au ciel, à Elle, à nous, la Vierge donne la victoire ». Oh! cette inscription, ce geste! Quel symbole! Quelles promesses! Quel rêve d'ineffable et infinie tendresse a dû hanter le cerveau de l'artiste inconnu! Certes le chiffre royal est tombé. Mais le geste vainqueur de la Vierge nous reste avec l'inscription, symbole et gage de tant d'autres victoires! Comme il fait bon de les redire, ces victoires!

Quelle joie de trouver, dans les fondations même de notre sanctuaire, le fondement de notre culte d'amour et de reconnaissance! Et comme ils ont raison, les pèlerins du monde entier, après trois siècles de miracles, de venir chanter leur *Magnificat* dans le sanctuaire de Notre-Dame des Victoires!

Très curieuse, la seconde médaille représente saint Augustin, habillé en moine déchaussé, il tient dans la main droite une église et dans l'autre un cœur enflammé percé d'une flèche. Toujours le cœur! toujours l'amour et la miséricorde!

Comme armoiries, le pieux roi voulut donner les siennes à son église. Et rien n'est touchant comme cette consécration intime et personnelle avant l'autre, publique et officielle : celle du royaume. Au milieu de l'écu royal, c'est-à-dire d'azur aux trois fleurs de lis d'or, une Vierge à l'enfant. Deux palmes encerclent l'écu surmonté d'une couronne royale.

Fondée sous de tels auspices, l'église de Notre-Dame des Victoires devait s'élever rapidement; et les moines, forts de la faveur et des largesses royales, n'en doutaient pas. Mais il leur fallut déchanter : au bout de trois ans, les ressources étaient épuisées. En 1643, Louis XIII meurt, et Anne d'Autriche absorbe dans la construction du Val-de-Grâce, les ressources qu'elle a fait espérer aux Petits Pères. Et puis c'est la guerre, ce sont les malheurs des temps.

Aussi bien, l'architecte Le Muet n'avait-il élevé qu'à quelques pieds au-dessus du sol, les murailles de l'église, à la mort de son fondateur. Gabriel Le Duc pousse la construction jusqu'à la hauteur de l'entablement (1663). En 1666, une charpente est posée sur la nef; on construit un maître-autel provisoire; et le 20 décembre de cette même année le chœur de la nouvelle église est béni. Mais, en 1737, la charpente menace ruine. Il faut songer à terminer l'édifice. Les moines s'en vont quêter; les dons arrivent. Enfin, la nouvelle nef est achevée, et, le 13 novembre 1740, l'évêque de Joppé consacre l'église tout entière. Les travaux avaient duré cent onze ans.

*
* *

Le portail de Notre-Dame des Victoires, composé de deux ordres superposés, est bâti dans le style dit jésuite. Il est de Cartaud, formé de deux parties : l'une, inférieure, va depuis le sol jusqu'à l'entablement; ses pilastres d'ordre ionique marquent les divisions latérales dans lesquelles s'encadrent les trois portes de l'édifice. Une gloire, ornée de têtes d'angelots sculptées par Rebillé, au milieu de laquelle apparaît le triangle avec le nom divin, surmonte le tympan de la porte principale.

Autrefois, au-dessous de cette gloire et dans un cartouche au milieu du cintre, était incrustée une plaque de marbre bleu où on lisait, gravée en lettres d'or, l'inscription suivante :

D. O. M.
VIRG. DEIPARAE
SACRUM
SUB TITULO
DE VICTORIIS

L'étage supérieur du portail est d'ordre corinthien. Il s'élève au-dessus de l'entablement, percé d'une grande baie en plein cintre destinée à éclairer la nef.

Deux contreforts en forme de consoles renversées assurent la transition entre le centre surélevé et les bas côtés, en venant s'incliner de part et d'autre devant les obélisques qui amortissent les pilastres d'angle. Des contreforts de même forme limitent les travées de la nef en arrière de la façade.

Un fronton triangulaire couronne enfin le portail. Dans ce fronton très élégant, Rebille a sculpté des modillons et des roses autour des armes de France enveloppées de trophées, de drapeaux et de palmes. Sur la cime se dresse une croix de pierre de 2 mètres de hauteur posée sur un piédestal profilé.

Assurément, l'ensemble de cette façade n'a rien de remarquable, mais tout y est régulier, harmonieux, et sa simplicité a grand air.

L'église est une croix latine, composée d'une nef divisée en quatre travées, sur lesquelles s'ouvrent autant de chapelles, d'un transept égal en largeur à la nef et d'un chœur presque aussi long que la nef elle-même. Une cinquième chapelle s'ouvrait autrefois de chaque côté, dans l'angle du transept et du chœur; on en a fait les sacristies actuelles.

Les piliers des arcades qui séparent les travées de la nef et du chœur sont décorés de pilastres d'ordre ionique, au-dessus desquels court l'entablement. La corniche porte une inscription reproduisant les invocations des litanies; elle est formée de treize cents cœurs, *ex-voto* offerts à Notre-Dame des Victoires. Une voûte, en forme de berceau, est soutenue par l'entablement; dans ses cintres ou arcs sont ouvertes des fenêtres au nombre de sept. Le carré du transept est couvert d'une petite coupole hémisphérique sur pendentifs. Au sommet elle est ornée d'une gloire entourée de rayons et de têtes d'anges; au milieu de cette gloire apparaît, comme sur le portail, le triangle avec le nom divin. Dans les faces latérales du transept ont été pratiquées des tribunes garnies de balcons.

Quant aux chapelles latérales de la nef, elles tiennent lieu de bas côtés. A cet effet, leurs murs séparatifs sont percés d'arcades à l'alignement des portes latérales de la façade, et permettant de circuler jusqu'au transept.

Le chœur comporte trois travées, et se termine par une abside à pans coupés. Il était, dans le principe, réservé aux religieux; ainsi s'explique son importance relative : 22 mètres sur 62, le tiers de la longueur totale de l'église! C'est pour la même raison que les stalles sont en si grand nombre. Jadis, quand l'autel était à l'entrée du chœur elles rejoignaient, dans l'abside, le siège abbatial du prieur. Ces stalles n'ont rien de remarquable, mais il faut s'arrêter devant les boiseries qui les surmontent. Elles sont de Bardou, très habile menuisier qui, pour 600 livres, vers la fin de 1689, les plaça où elles sont.

Ces boiseries, de 3 m. 60, se composent de panneaux

et de moulures placés au milieu d'arcades et surmontés dans les cintres de cercles saillants ornés de chaque côté de branches sculptées. Ces cercles sont remplis alternativement à l'intérieur, l'un d'un cœur enflammé percé de deux flèches accolées de deux palmes, l'autre, d'une mitre et d'une crosse liées par un cordon. Tous ces panneaux, richement sculptés, montent entre deux pilastres d'ordre ionique jusqu'à une corniche enrichie de modillons. L'artiste s'est visiblement inspiré du style de l'église et son œuvre, très bien conservée, est remarquable.

Au-dessus des boiseries, d'immenses tableaux, de plus de 5 mètres sur 3, attirent les regards. Il y a là une collection, unique en France, du grand artiste Carle Vanloo. Ces tableaux sont, par leur dessin, leur coloris, leur mouvement, de vrais chefs-d'œuvre de la peinture au XVIIIe siècle. Commandés par Louis XV en action de grâces à Notre-Dame des Victoires, ils portent les dates de 1753, 1754, 1755. Enlevés au printemps de 1918 par l'administration des Beaux-Arts, qui les tint à l'abri tant que dura la guerre, ils ont repris leur place après avoir été rajeunis de deux siècles par un habile nettoyage, et rendus tels qu'ils étaient, peut-on dire, au lendemain de leur achèvement. Il y en a sept : trois de chaque côté consacrés à saint Augustin. Le septième, au-dessus du maître-autel, représente Louis XIII offrant à la sainte Vierge l'église de Notre-Dame des Victoires. Mais ces peintures méritent d'être étudiées en détail.

Le sujet du premier tableau, du côté de l'épître, est tiré des confessions. La veille de Pâques, 28 avril 387, le grand converti, âgé de trente-deux ans, reçoit le baptême. Augustin et son fils, Adéodat, portent la robe blanche des catéchumènes; ils tiennent tous les deux un cierge dans la main droite et posent la main gauche sur leur cœur; ils inclinent le front sur les fonts baptismaux, tandis que l'archevêque de Milan, saint Ambroise, est debout devant eux et verse de l'eau sur la tête de saint Augustin. Un troisième néophyte se tient derrière, à genoux, prêt à recevoir le baptême : c'est Alype, l'ami d'Augustin. Sainte Monique, en robe bleue, la tête voilée, croisant les mains sur sa poitrine, est près de son fils. Il y a dans son geste et son attitude toute l'émotion de la mère et de la sainte; le fils de ses larmes vit! Deux enfants de chœur, vêtus de blanc, se tiennent aux côtés de saint Ambroise. Trois acolytes, en blanc aussi, assistent l'archevêque. Au fond se dressent les colonnes de la cathédrale de Milan. A gauche, sans doute, les amis de la famille des nouveaux baptisés. Au premier plan, un homme, jeune, en tunique et manteau rouges, qui doit être, sans doute, le frère de saint Augustin. Parmi cette assistance, on se demande ce que fait là cette femme du premier plan en toilette par trop XVIIIe siècle.

En face, saint Augustin prêche devant Valère, évêque d'Hippone. Ordonné prêtre quatre ans après son baptême et attaché à l'église d'Hippone, saint Augustin prononce son premier discours religieux le jour de Pâques 391. L'auditoire du saint est remarquablement vivant. Toutes ces figures, — il y en a de fort belles, — sont animées et fixées dans une commune admiration. Et pourtant chacune a ses traits distinctifs, son caractère propre, pendant qu'un scribe, au pied de la tribune, fait son métier avec le plus parfait naturel.

De l'autre côté, car les tableaux sont placés alternativement à droite et à gauche, c'est le sacre de saint Augustin. Au mois de décembre 395, Valère fait d'Augustin son coadjuteur. Ce tableau daté de 1754 est d'une note tout à fait différente des autres. Les ors et les blancs des chapes sont largement traités, il y a de la lumière, de la vie, du mouvement, dans la splendeur. Vanloo a voulu fixer l'instant de la cérémonie où le consacrant, qui est ici l'évêque Valère, pose sur la tête du consacré la mitre en signe de force, ce n'est pas le plus impressionnant des rites liturgiques d'un sacre, mais c'est celui qui le conclut. Deux évêques assistants entourent Augustin et aident de leur geste le prélat consécrateur. Un personnage inconnu est assis à droite, tête nue, les deux mains appuyées sur ses genoux. Son attitude recueillie, sa physionomie grave attirent le regard; on s'attarde à scruter la pensée de ce prêtre qui prie et semble déjà mesurer la carrière de l'illustre consacré.

Le tableau suivant nous fait assister à une de ces fameuses conférences de Carthage de l'an 411 où saint Augustin confondit les évêques donatistes. Le grand docteur est debout à droite; il a le bras droit levé et tient dans la main gauche un livre; son attitude est prenante, ce doit être le plus fort de la lutte, il réfute les arguments de l'évêque donatiste debout devant lui à gauche; autour de celui-ci sont rangés ses adeptes, dont l'un d'eux, un livre sur ses genoux, s'arrête de lire, tourne la tête vers saint Augustin, et semble très intéressé par la discussion. Au centre de la toile, au deuxième plan, près de l'évêque d'Hippone, trois scribes prennent des notes, l'un d'eux suspend son travail pour mieux suivre les péripéties de la controverse. Près de saint Augustin, un homme est debout, en tunique bleue et manteau rouge, c'est le tribun Marcellin. Vanloo aime décidément beaucoup le bleu et le rouge... Faut-il voir là un indice de son talent bien français? Un détail : au tout premier plan, en plein milieu du tableau, une chaise vide, avec un linge dessus; celui qui l'occupait s'est sans doute levé pour affirmer plus fortement ses convictions...

Ensuite nous est montré saint Augustin mourant auquel on apporte un malade, porté par deux serviteurs, pour que le saint lui impose les mains et le guérisse. Cet infirme fut en effet le dernier miraculé d'Augustin. La physionomie du mourant manque un peu des rayons d'au-delà, mais elle est très belle, très fouillée. Près de sa couche, le peintre a posé une chape verte à orfrois de pourpre, la mitre et la crosse d'or. Au-dessus du lit et tout autour de la chambre on lit des sentences telles que celles-ci : *Exibit homo ad opus suum et operationem suam usque ad vesperum...* « L'homme sortira pour aller à sa tâche et travaillera jusqu'au soir... » C'est ce soir-là que Vanloo a voulu fixer et qu'il a réussi à rendre avec émotion.

Le tableau qui est à gauche du maître-autel, représente la translation des reliques de saint Augustin. Elles avaient été transportées au ve siècle, en Sardaigne par plusieurs évêques de Normandie exilés; elles furent rachetées vers 722 aux Sarrasins, alors maîtres de l'île, par le riche roi des Lombards, Luitprand. Tête découverte et pieds nus, le roi accompagne pieusement la châsse sacrée que portent des évêques. Au premier plan, à droite, un paralytique est assis; près de lui, une femme agenouillée : tous deux ont l'attitude suppliante de ceux qui espèrent un miracle.

La grande toile du maître-autel représente Louis XIII dédiant à la sainte Vierge le plan de l'église de Notre-Dame des Victoires. Tout le monde sait que le pieux roi avait fait vœu, s'il triomphait des protestants, de faire élever la dite église. La Rochelle ayant été prise il tint parole.

La Vierge, robe rouge, d'un rouge passé et manteau bleu, est représentée en haut de la toile portée sur un nuage; son bras gauche soutient l'Enfant Jésus debout sur ses genoux, de la main droite elle présente une palme à Louis XIII, prosterné à ses pieds, offrant à la Vierge le plan de l'église Notre-Dame des Victoires qu'il lui dédie.

A gauche du roi se tient le cardinal de Richelieu; à sa droite un des échevins de la Rochelle remet à Louis XIII les clefs de la ville sur un plateau d'argent. Derrière le roi, des officiers de la cour; à ses pieds, au premier plan, est étendu un guerrier mort que couvre en partie un drap blanc fleurdelisé. Dans le lointain, sous le nuage qui porte la Vierge, on aperçoit la ville de la Rochelle.

Tout ce tableau est d'une exécution facile, franche et libre. Il a dans son ensemble quelque chose de tendre qui caresse le regard; d'inspiration plus humaine que religieuse peut-être, il plaît ainsi, puisque Vanloo a voulu fixer ici le plus doux des sentiments humains : la reconnaissance.

Les vitraux qui éclairent l'abside sont modernes. A celui du milieu se rattache une touchante histoire. Mme la duchesse de La Rochefoucauld, voynat son mari gravement malade, avait promis, pour obtenir sa guérison, un don magnifique à Notre-Dame des Victoires. Le mal, loin de céder, s'aggrava. Alors la jeune femme s'offrit elle-même. Son sacrifice fut agréé : le malade guérit, mais quelques jours plus tard, la jeune mère perdait son petit enfant et contractait à son chevet un germe mortel. Le duc se fit un devoir d'accomplir le vœu de l'épouse et mère héroïque, et M. Desgenettes fit exécuter ce vitrail. Un grand crucifix en forme le motif central. Des deux côtés de la croix, la vierge Marie et saint Jean compatissent aux douleurs de l'Homme-Dieu. Auprès du disciple, une jeune femme, agenouillée, prie avec ferveur et regarde la Vierge qui lui montre le Divin crucifié, tout en posant sur elle un regard de compassion et de tendresse. Au-dessus du groupe, un ange, les ailes déployées, tient dans ses bras le petit enfant qu'il emporte au paradis.

Le maître-autel est en marbre blanc. Élevé avec le produit d'une quête improvisée en mai 1863, il fut solennellement consacré par Mgr Darboy, archevêque de Paris, le 8 décembre 1864. Il est orné d'un bas-relief doré, dû à la libéralité de Mgr de Forbin-Janson, et qui représente la déposition du corps de Jésus au tombeau. Le tabernacle en cuivre ciselé se trouvait déjà sur l'ancien autel de bois. Il passe pour un très bel ouvrage de ciselure. Exhaussé et couronné d'une exposition en bronze doré, il est complété par des candélabres en rapport avec le style de l'église. Enfin le retable de marbre qui le domine supporte deux magnifiques reliquaires en bronze doré. Après l'indigne profanation de 1871, l'autel fut de nouveau consacré, le 9 juillet 1879, par Mgr Meignan, évêque de Châlons.

*
* *

Ce simple fait suffit à évoquer le souvenir des contrecoups portés successivement à Notre-Dame des Victoires par les diverses commotions qui agitèrent Paris et la France. Ce n'est pas à la Commune de 1871 que les plus graves doivent être imputés, mais à la grande révolution.

Les religieux dispersés et leur couvent désaffecté, l'église avait été attribuée au clergé constitutionnel, qui y organisa une paroisse en 1790. Trois ans plus tard, à la suppression du culte, on utilisa l'église pour les bureaux de la Loterie, puis on y transporta la Bourse, qui avait été jusqu'en 1796 au Palais Égalité (Palais-Royal).

Un des religieux, le P. Antoine Rivière avait réussi à dissimuler sa qualité de prêtre sous celle de marchand de tableaux. Il avait garni d'une belle collection de toiles l'appartement qu'il occupait dans l'ancien couvent et pour lequel il payait un loyer à l'État. Ces toiles provenaient apparemment des églises voisines, et avaient dû être achetées à vil prix aux enchères. Le « collectionneur » qui passait pour un amateur éclairé, capable de rendre service, par ses connaissances spéciales au comité d'Instruction publique, fut cependant arrêté et incarcéré à Picpus de janvier à novembre 1794. A peine libéré il loue, dans la maison du peintre Lebrun, au coin de la rue de Cléry et de la rue du Gros-Chenet (aujourd'hui du Sentier) une salle qui servait pour des expositions de tableaux. Là, sous prétexte de mettre en vente ses œuvres d'art, il installe un oratoire qui rend les plus grands services aux fidèles du quartier; et lorsque après des vicissitudes diverses, il fut nommé, en 1802, curé concordataire de la paroisse Notre-Dame des Victoires, il était évidemment en mesure d'y replacer les beaux tableaux que nous y admirons encore.

Toutefois il lui fut impossible d'entrer en possession de son église. La Bourse occupait toujours la nef. C'est dans l'ancienne sacristie, qui sert aujourd'hui de chapelle des catéchismes, que la nouvelle paroisse fonctionna d'abord. Quand Notre-Dame des Victoires reprit enfin sa destination religieuse, en 1809, M. Rivière n'en était plus curé : il avait donné sa démission à l'âge de 80 ans, en faveur de M. Gravet, précédemment chargé de la paroisse des Filles-Saint-Thomas [1].

Ce dernier mourut deux ans après, et eut pour successeur M. Decroix, qui gouverna la paroisse jusqu'en septembre 1814. M. Fernbach, curé de Saint-Philippe

1. Pour plus de détails, voir P. Pisani, *L'Église de Paris et la Révolution*, t. II, p. 314 sq., t. III, p. 359 sq. t. IV, p. 353 sq.;

du Roule, vint le remplacer au cours de l'année suivante, et resta en fonctions jusqu'à sa mort, en 1832. C'est alors que M. Desgenettes quitta la paroisse des Missions étrangères pour devenir curé de Notre-Dame des Victoires, où il exerça le saint ministère pendant vingt-huit ans.

Son successeur fut M. Chanal, qui était auparavant curé de Saint-Louis des Invalides, et qui eut la douleur d'assister aux profanations de la Commune; il quitta sa paroisse en 1872 pour devenir chanoine de Notre-Dame. A sa place fut nommé M. Chevojon, qui était curé de Saint-Ambroise, et qui resta vingt-cinq ans à Notre-Dame des Victoires; ses infirmités l'obligèrent à donner sa démission en 1897. M. Rataud, qui lui succéda, venait de Saint-Pierre de Montrouge : il fut élevé à la prélature en 1915, et mourut en septembre 1918.

M. Le Roy, qui avait été son premier vicaire, fut appelé à prendre sa place, après avoir été chargé pendant quelque temps de la paroisse des Blancs-Manteaux. Son gouvernement n'a guère duré que cinq ans. Celui de M. Breffy a été inauguré en 1924.

Cette énumération, si brève qu'elle soit, a son éloquence. Pour peu qu'on se rappelle les événements évoqués par ces différentes dates, on admire que l'Église, à travers les destructions et les perturbations de tout genre, poursuive inlassablement son œuvre d'enseignement, de consolation et de paix. Celui qui signa le Concordat de 1801 n'a pas eu de successeur; les rois qui vinrent ensuite furent incapables de consolider leur trône; il n'y a plus de cour; les Tuileries ont disparu; il y a toujours un curé à Notre-Dame des Victoires, aussi bien que dans chacune des paroisses circonvoisines, et la succession s'est toujours établie sans désordre et sans trouble. Où est la force vraie, victorieuse des passions humaines, supérieure aux vicissitudes du temps ?

CHAPITRE II

La chapelle de la sainte Vierge.

Vue d'ensemble

La fondation d'une église, son style, ses proportions sont les données nécessaires de son histoire extérieure. Mais cette histoire n'est que le cadre d'une autre, intime et sacrée, celle qu'on ne lit pas dans les vieux documents, dans les lignes de l'architecture, mais qu'on devine et qu'on sent, écrite au cœur des générations agenouillées.

Ces deux histoires ne se commandent pas; elles sont le plus souvent sans corrélation, indépendantes et parfois contraires. La plus belle église n'est pas toujours la plus riche en impressions et en souvenirs, et il arrive que la plus humble ait un langage secret qui atteint profondément les âmes.

Or, existe-t-il beaucoup de sanctuaires au monde, dont l'histoire intime soit plus riche, où les impressions soient plus variées et plus pénétrantes qu'à Notre-Dame des Victoires ?

A peine entré dans l'église, le pèlerin qui, après avoir accommodé ses yeux à notre clair-obscur, jette un coup d'œil d'ensemble, éprouve une sorte de stupeur mêlée de crainte. Non pas « cette sorte de frissonnement, ce sentiment vague de la divinité sans lequel, dit Chateaubriand, on ne peut entrer dans une église gothique. » Le frisson, ici, n'a rien de gothique ni de vague. Cette crainte ne vient même pas du respect, de cette vénération dont « une longue histoire du passé a, pour ainsi dire, empreint des voûtes toutes noires de siècles [1] ». Non, elle ne descend pas des voûtes, elle vient des murs qui, par leurs milliers d'*ex-voto*, crient au pèlerin : « Tu es dans la maison du miracle ! »

Mais ce premier sentiment de crainte sacrée est vite tempéré par un autre plus doux. Au milieu de la nef, le regard est arrêté par la foule d'hommes, de femmes, d'enfants à toute heure agenouillés devant l'autel de la Vierge.

Dans cette maison du miracle, le pèlerin n'est pas seul. Rien de triste comme une église vide. Il respire, son cœur se dilate. Ses yeux ne peuvent se détacher de cette foule et le voilà qui, d'instinct, par la seule contagion de l'attitude, s'agenouille à son tour. Il ne prie pas encore. Il se recueille.

Oh ! ce recueillement de notre sanctuaire, qui n'en a pas senti l'enveloppement mystérieux, la pénétrante douceur ? Éparse, dispersée, dissipée peut-être tout à l'heure, l'âme retrouve tout d'un coup son unité, sa simplicité. Elle se replie sur son centre que Dieu habite. Là elle attend, elle se tait, et son silence intérieur répond au silence extérieur des choses.

En même temps que l'âme se recueille, une grande paix lui vient de son recueillement même. La paix, c'est la tranquillité de l'ordre et cette âme ainsi rassemblée dans son centre est dans l'ordre, un ordre garanti par la puissance, — ne sommes-nous pas dans la maison du miracle ? — et éclairé par la bonté... N'est-ce pas elle

1. Chateaubriand, *Génie du Christianisme.*

qui sourit dans ce reflet des cierges, qui enveloppe la nef comme d'une aube d'espérance ?

Rêve et poésie, dira-t-on; non! Les impressions peuvent se diversifier à l'infini. Elles peuvent rester enfouies comme de petites étoiles au firmament des âmes, elles sont réelles et se résument toujours pour le pèlerin de Notre-Dame des Victoires en recueillement, en paix, en joie, en prière dans le sentiment profond du divin.

Pourquoi ? Pourquoi cette douceur inédite, unique au sein du sentiment religieux ? C'est que Notre-Dame des Victoires n'est pas seulement la maison du miracle, de la prière et de la paix, c'est la maison du cœur, du cœur de la Vierge et de la Mère.

A peine entré, bien avant d'arriver à l'autel privilégié, le pèlerin n'a qu'à se retourner. Au-dessus des orgues, dans l'or et le bleu du vitrail de la grande fenêtre, il aperçoit la Vierge qui lui tend les bras et semble lui dire : « Je suis la Mère du bel amour. »

« En moi est la grâce de toute voie et de toute vérité. En moi sont toutes les espérances de la vie et de la vertu. »

« Venez à moi, vous tous qui m'aimez. »

« Qui m'a trouvée a trouvé la vie et puisera le salut au cœur même de Dieu. »

Il avance donc avec confiance. A mesure qu'il approche de l'autel privilégié, son émotion se fait plus intense, comme s'il entendait, ainsi que Moïse jadis, un mystérieux avertissement : « Le sol que tu foules est saint... » Et comme pour donner corps à cette évocation de l'Horeb, des centaines de cierges disposés sur des herses, — deux portent, émaillées, les armes de la maison d'Espagne, — flamboient en buissons de feu, auréolant la statue miraculeuse de rayons qui palpitent. Très touchantes, ces myriades de flammes, silencieuses, ardentes, vivantes! Elles exhalent vers Notre-Dame et figurent la prière qui monte et s'envole en un vaporeux nuage; mais très commode aussi en vérité; le visiteur est pressé, dispose d'à peine un quart d'heure entre deux courses, deux démarches, le train de l'arrivée et celui du départ. Et, « supplément du cœur catholique », le cierge s'offre : il prolongera la prière, sans paroles, très sûre, très pure, elle sera comprise de Notre-Dame des Victoires. « Le cierge, que des incrédules considèrent comme une des formes les plus puériles de la superstition, est l'agent le plus extraordinaire qui soit des âmes dont il matérialise les sentiments et véhicule les vœux... Quels navrements désordonnés et quels espoirs tremblants ils révèlent : de combien d'infirmités, de maladies, de chagrins de ménage, d'appels désespérés, de conversions, ils sont l'emblème [1] ».

A la dévotion qui souhaite une prière plus longue encore, permanente, le cierge ne suffit pas et les lampes se multiplient; il y en a trente-cinq à Notre-Dame des Victoires; quinze ornent la chapelle de l'Archiconfrérie, dont sept sont suspendues devant l'autel privilégié. La principale fut donnée par Sa Majesté l'Impératrice Eugénie : elle est toute en argent massif vermeillé et enrichi de motifs ciselés, avec cette inscription : 1859. Eugénie. Sa forme et son style rappellent le XIIe siècle. Toutes ces lampes sont des présents offerts à la sainte Vierge; une d'elles est le don d'une pieuse mère de famille; une autre témoigne de la reconnaissance d'une princesse de sang royal, pour la protection accordée à son mari dans une périlleuse expédition. Signalons encore deux lampes portées chacune par une espèce de

1. Huysmans, *Les Foules de Lourdes.*

L'AUTEL DE L'ARCHICONFRÉRIE

crosse en bronze doré et ciselé : elles sont d'un beau travail, dans le style Louis XIII.

Enfin, des petites lampes s'alignent de chaque côté de l'autel sur les consoles de marbre blanc où s'adapte la balustrade de l'autel. Leur forme est étrange, on dirait six grenades d'or. C'est un souvenir du voyage de M. Chevojon à Rome, en 1874. Ces lampes furent faites sur le modèle de celles qui brûlent à Saint-Pierre autour de l'autel dit de la Confession.

De la flamme symbolique et discrète des lampes, le regard s'élève au-dessus de l'autel et se fixe sur un vitrail qui reproduit dans une lumière éblouissante, la statue même de l'autel privilégié : dans le haut du vitrail, des groupes d'anges chantent à la louange de l'Immaculée. « Autour d'elle, se tiennent, les uns, dans l'attitude du repentir, les autres, dans l'exaltation de la joie, des pécheurs convertis. Parmi eux, on distingue un jeune homme prosterné et, près de lui, une femme vénérable, nimbée de la couronne des saints : C'est Augustin encore pécheur que sa mère, sainte Monique, présente à Marie. A leurs pieds, une banderole : *Maria refugium peccatorum.* Dans un coin du vitrail, un ange couvert d'une armure d'airain perce d'une lame le démon. Tout à fait au bas, un autre ange présente à M. Desgenettes les statuts de l'Archiconfrérie [1]. »

Placé au centre et au sommet de ce centre de notre sanctuaire qui est la chapelle de la Vierge, ce vitrail manifeste le dernier mot, le mot essentiel du rôle que remplit, à l'égard des hommes, Notre-Dame des Victoires, toujours et à jamais Refuge des pécheurs. Et, dans l'ordonnance des litanies dont les invocations courent en frise autour de l'Église, c'est encore cette

1. Abbé Dumax.

invocation : *Reufgium peccatorum*, devise ou mot d'ordre de l'Archiconfrérie, qu'a tracée, sous le vitrail, avec des cœurs, qui sont autant d'ex-voto, l'insistance de la supplication.

De chaque côté de l'autel, de grands tableaux qui mesurent 3 m. 45 de haut sur 2 m. 30 de large représentent, l'un, celui de droite, l'Annonciation; l'autre, celui de gauche, l'Assomption de la très sainte Vierge. Ils furent exécutés, en 1869 et 1870, par un artiste distingué, membre de l'Institut : M. Louis Muller.

Sous les tableaux, et plus près de l'autel, le long des colonnes qui soutiennent le fronton, dans la lumière scintillante des cierges, de grandes vitrines renvoient au pèlerin les chauds rayons d'honneur, de gloire, de piété des souvenirs qu'elles renferment. Il y a là, disposés avec art, des croix d'honneur, des décorations, des médailles, des bijoux. Chacun de ces souvenirs, offert à la Vierge immaculée, a son secret jalousement gardé. Inclinons-nous, admirons et remercions.

A côté de ces ex-voto silencieux, il en est d'autres qui parlent.

Sur le contre-pilier, à gauche, auprès d'un grand marbre portant l'épitaphe de M. Desgenettes, le pèlerin n'entendra pas sans une impression de stupeur ces deux cris de reconnaissance :

LE 1er MAI 1864
DERNIER JOUR D'UNE NEUVAINE
JE SUIS ENTRÉE PARALYSÉE A NOTRE-DAME
DES VICTOIRES
J'Y AI ÉTÉ INSTANTANÉMENT GUÉRIE
APRÈS LA SAINTE COMMUNION
QU'ELLE EST BONNE MARIE

Au-dessous de cette inscription, et avec la date du 14 avril 1870 :

J'ÉTAIS AVEUGLE
TOUT ESPOIR DE GUÉRISON SEMBLAIT M'ÊTRE ENLEVÉ
J'AI RECOUVRÉ SUBITEMENT LA VUE
EN RECEVANT LA SAINTE COMMUNION
A LA SUITE D'UNE NEUVAINE
EN L'HONNEUR DE NOTRE-DAME DES VICTOIRES

PETIT SÉMINAIRE DE VERSAILLES
14 AVRIL 1845 — PIERRE RENAULD
HOMMAGE DE RECONNAISSANCE A MARIE
SOUVENIR DU XXVe ANNIVERSAIRE

Sur le gros pilastre, près de la grille du chœur, se remarque l'ex-voto de l'Angleterre catholique. Il est double et débute ainsi :

THANK. OFFERING
FROM. THREE. ENGLISH. CONVERTS

A. R.	I A.	I G.
4 MAI	1 JUNE	2 JULY

1864

« Cet ex-voto est un des plus précieux de ceux qui couvrent les murs de notre église. Il signale d'abord la conversion de trois protestants anglais, longtemps recommandés aux prières de l'Archiconfrérie. Quoi de plus touchant que de voir ces trois heureux convertis se réunir pour témoigner ensemble de leur reconnaissance à Notre-Dame des Victoires! Cette triple reconnaissance, manifestée par la vive expression de gratitude gravée sur le marbre et par les trois cœurs qui l'accompagnent, n'est-elle pas un puissant et éloquent langage ?

On l'a écrite dans la langue anglaise, afin qu'elle offre à tous un caractère plus irrécusable d'authenticité, afin qu'elle ait surtout une voix plus persuasive pour les fils d'Albion, catholiques ou protestants, qui la pourraient lire. Les initiales qui s'y trouvent, à côté des dates mémorables des trois conversions, seront sans doute pour plusieurs un mystérieux secret : mais plusieurs aussi reconnaîtront, sous ces simples lettres, les nobles noms qu'elles représentent [1]. »

Ce n'est pas tout ce que nous apprend ce marbre, et l'inscription qui se déroule ensuite a l'intérêt d'une page d'histoire :

RECONNAISSANCE A NOTRE-DAME DES VICTOIRES
AUX PIEDS DE LAQUELLE TANT DE PRIÈRES
ONT ÉTÉ FAITES
DEPUIS LE MOIS D'OCTOBRE 1837
POUR LA CONVERSION DE L'ANGLETERRE
A LA DEMANDE DE L'HON. ET RÉV. GEORGES SPENCER
RÉCEMMENT CONVERTI
CONNU DEPUIS SOUS LE NOM DE PÈRE IGNACE
SAINT-PAUL
DE L'ORDRE DES PASSIONNISTES
MORT LE 1er OCTOBRE 1864

« Il ne s'agit plus ici d'une reconnaissance particulière ; c'est un hommage de gratitude offert à Notre-Dame des Victoires, au nom de tous les protestants convertis de l'immense royaume britannique. Rien ne manque à cette inscription pour en faire un véritable monument : elle est remplie de souvenirs et palpitante d'actualité. On trouve le nom de très regretté P. Ignace Spencer. le

1. *Annales*, de décembre 1864.

grand inspirateur de cette sainte ligue de prières qui, depuis vingt-sept ans, s'est organisée dans le monde chrétien pour la conversion de l'Angleterre. »

En 1864, il y avait déjà vingt-sept ans que montait, vers la Vierge victorieuse de toute hérésie, la supplication catholique pour le retour de l'Angleterre hérétique et schismatique. Aujourd'hui cette supplication n'a fait que s'accroître et s'intensifier.

Les pieux donateurs ont pris soin eux-mêmes d'assurer à leur croisade une continuité indéfectible et toujours actuelle; car c'est par une prière, accompagnée de la date où fut offert l'*ex-voto*, 8 décembre 1864, que se termine l'inscription :

CŒUR IMMACULÉ DE MARIE, TRÉSOR DE MISÉRICORDE,
ACHEVEZ VOTRE ŒUVRE!
PAR VOTRE TOUTE-PUISSANTE INTERCESSION
HATEZ LA CONVERSION COMPLÈTE DE NOTRE PAYS

Dans le sanctuaire béni de Notre-Dame des Victoires, toutes les nations catholiques et les catholiques de toutes nations se donnent rendez-vous. Et comme pour proclamer la vérité de ce fait, les circonstances ont rapproché l'un de l'autre trois ex-voto étrangers et de provenance différente, placés au-dessus du tronc des offrandes pour la chapelle de l'Archiconfrérie. L'un est en anglais, l'autre en allemand, le troisième vient de Suède.

L'AUTEL

L'autel de l'Archiconfrérie, entouré d'ex-voto de tous genres, scintillant de mille lumières, présente un curieux mélange de simplicité et de richesse.

Comme le reste de l'église, il appartient, dans ses grandes lignes, au style de la première moitié du XVIIe siècle, avec ses deux colonnes ioniques cannelées supportant un fronton triangulaire. Mais la rigidité de ces formes austères s'adoucit par la blancheur du stuc qui revêt colonnes et fronton, par la mosaïque à fond d'or, sur laquelle se détache la tête de la statue miraculeuse, et qui forme au-dessus du retable une somptueuse frise. Une bordure de perles transparentes vertes et rouges souligne le dessin de l'arcade, haute de 3 m. 55, dans laquelle est placée la Vierge. Et sous les rayons que multiplie le buisson ardent des cierges, elles étincellent d'une mystérieuse et douce clarté, ainsi que les ors qui rehaussent l'autel dans tous ses détails : ors des reliquaires qui forment le retable, ors des bouquets de lis qui ornent l'autel [1].

Le fronton, surmonté d'une croix dorée, abrite un écusson entouré de branches de lis d'or et portant le monogramme de la Vierge, doré également. C'est en lettres d'or aussi qu'est tracée, sur la frise du front, l'inscription.

CORDI IMMACULATO B. MARIÆ VIRGINIS

De chaque côté de la statue miraculeuse sort d'une haute amphore dorée un monumental chandelier à huit branches, dont sept sont disposées en couronne autour d'une huitième plus élevée.

Entre ces amphores, une arche d'alliance, ornée d'emblèmes de la très sainte Vierge en émaux cloisonnés, contient l'urne de bronze doré et émaillé dans laquelle on dépose les suppliques adressées à Marie.

1. Grâce à la générosité d'une pieuse donatrice, toute cette garniture de l'autel vient d'être redorée.

L'arche d'alliance s'entr'ouvre dans sa partie supérieure, pour faire place à une croix dont le sommet la domine : heureux et suggestif symbole! Cette croix est en argent, ainsi que les deux branches de lis, formant candélabres, qui l'accompagnent; et les figures du Christ, de la Vierge et de saint Jean sont d'une finesse remarquable.

Signalons encore, immédiatement au-dessus de la pierre d'autel, aux extrémités de la cimaise, deux ex-voto d'une forme et d'un caractère exceptionnels. Avant 1871, se voyaient là deux médaillons renfermant chacun neuf petits cœurs en or : Une dame américaine, voulant consacrer à la sainte Vierge ses sept enfants et se consacrer elle-même, ainsi que son mari, en reconnaissance de plusieurs grâces reçues, offrit, en la fête de l'Assomption 1866, le premier ex-voto. Quelques semaines après, une autre dame, de nationalité irlandaise et qui avait, elle aussi, sept enfants, dédia à Notre-Dame des Victoires un ex-voto semblable. La Commune détruisit ces souvenirs touchants. Aux médaillons à neuf cœurs ont été substitués deux livres d'or. Ils appartiennent à deux paroisses de Paris. On les ouvre chaque année, pour y introduire solennellement, écrite sur parchemin, la liste des enfants de la première communion. Au milieu des magnifiques mosaïques dont l'un de ces ex-voto est couvert se lit : *Saint-Philippe du Roule.* Sur l'autre, au sommet des émaux qui reproduisent les mosaïques du premier, on lit *Notre-Dame des Victoires.*

Le tabernacle est en marbre onyx, dit d'Algérie et du Mexique. Sur la porte du tabernacle, en bronze doré d'un beau travail, est représentée la crèche de Bethléem, avec l'adoration des bergers. Le tabernacle repose sur un retable très bas orné de peintures sur lave émaillée et qui s'étend sur toute la largeur de l'autel.

L'autel lui-même est en marbre blanc, ce « lis des pierres, » ainsi que les consoles et les gradins qui en dépendent et les colonnettes corinthiennes qui soutiennent la table de l'autel alternent avec de toutes menues colonnettes dorées. Tout en bas, au centre, le pèlerin aperçoit la châsse de sainte Aurélie. Extrait des catacombes de Sainte-Priscille, à Rome, le 18 avril 1842, le saint corps fut donné à M. Desgenettes, le 25 mars 1843, par Sa Sainteté le pape Grégoire XVI. Jusqu'en 1871, les précieux ossements, dissimulés dans une forme en cire modelée à Rome, furent exposés derrière une glace, à la vénération des fidèles. Profanées et dispersées, en 1871, les saintes reliques échappèrent en partie à la destruction et, le 4 mai 1873, elles étaient placées à nouveau sous l'autel de l'Archiconfrérie.

De 1844 à 1878, en vertu d'un indult apostolique du 19 janvier 1844, la fête de sainte Aurélie se célébra à Notre-Dame des Victoires le IIIe dimanche après Pâques. Un nouvel indult, du 18 juin 1878, l'a transférée au IVe dimanche.

La décoration du devant de l'autel est complétée par deux figures d'anges, peintes sur lave émaillée vêtus d'une virginale couleur bleu de lin et aux mains desquels se déroulent les titres de gloire de la divine Vierge : *Mater Christi, Virgo Virginum.*

La Statue

La statue de Notre-Dame des Victoires n'a pas besoin d'être décrite. Tous ceux qui viennent dans notre église ont longtemps contemplé ce visage aux lignes régulières, dont le port serait altier et l'expression un peu froide, si le regard ne s'abaissait vers nous, grave, inquiet, maternel.

Vue d'ensemble, la statue de Notre-Dame des Victoires possède les deux attributs essentiels de son titre et de son rôle. Des reines, elle a les proportions majestueuses et la dignité sereine. D'un geste à la fois ferme et souple, la Vierge Mère présente son divin Fils aux adorations. Debout sur un globe étoilé, l'Enfant Jésus tend les bras vers la foule. Assurément, on peut trouver de divins bambinos plus séduisants de grâce espiègle ou de câline tendresse. Mais nul ne manifeste plus d'élan vers ceux qui viennent à Lui, qui attendent, qui souffrent, qui l'aiment, ou ne l'aiment pas encore... *Venite ad me omnes!*

La statue que nous avons sous les yeux ne date pas de la construction de l'église elle-même. Dans ce sanctuaire, où la Vierge fut toujours, et dès l'origine, honorée comme la patronne titulaire, on pourrait dire que notre statue est la Notre-Dame, cinquième du nom, qui, ici, centralisa les hommages des fidèles.

La première Notre-Dame des Victoires, « œuvre de Jacquin, était en bois sculpté et d'un travail exquis; vêtue d'une draperie délicate et légère, elle avait 5 pieds de haut. Marie tenait de la main droite un sceptre doré, et de l'autre, debout sur ses genoux, le petit Enfant Jésus. L'Enfant regardait sa Mère qui lui souriait. Tous deux portaient, sur la tête, une couronne d'or. La très sainte Vierge était assise sur des trophées composés de faisceaux d'armes, de casques, de sabres, de cottes d'armes et de palmes dorées. Elle était entourée d'un nuage de quatre pieds de largeur avec ces mêmes attributs en plusieurs endroits. Tout l'ensemble, en chêne sculpté, avait huit pieds de hauteur. »

Cette statue, placée sur le maître-autel de l'église, qui, alors, était élevé entre la nef et le chœur, presque au milieu du vaisseau, occupait le centre d'une « sorte de petit temple de la Victoire en bois sculpté. Il était en forme de rotonde de douze pieds de haut sur onze de large. Le comble ou la coupole cintrée était porté sur des colonnes à jour : aux deux côtés, à droite et à gauche, il y avait une tablette soutenue par deux colonnes, supportant chacune deux petits anges hauts de trois pieds, les uns tournés vers la nef et les autres vers le chœur. Ce petit temple à deux façades, avec deux portes cintrées, laissait voir l'image de Notre-Dame des Victoires, également dans les deux parties de l'église. Les colonnes avaient six pieds de hauteur; il y en avait quatre devant et quatre derrière; entre deux, un double pilastre : le tout d'ordre corinthien. Le fond intérieur de la coupole était orné de compartiments ouvragés et de rosaces dorées. Au dehors, un fronton en corniche, également doré, au milieu duquel resplendissait l'écusson de France, doré et entouré de feuillages; enfin, au sommet du temple, brillait une croix anglée.

« Au bas de la porte extérieure, et sous les pieds de la statue, on voyait deux anges ailés, d'environ deux pieds et demi, soutenant chacun, d'une main, une couronne de France dorée, sous laquelle on plaçait le très Saint-Sacrement, quand on l'exposait. Au-dessous, il y avait une façade en menuiserie marbrée, au milieu de laquelle était la porte du tabernacle, entourée de festons. A droite et à gauche de cette façade, deux petites montées de six degrés, ornées de moulures, et, au milieu de ces degrés, deux anges en adoration, hauts de quatre pieds[1].»

Exécuté en bois par le P. Pacôme de Sainte-Luce, religieux augustin convers, sur les dessins de l'architecte

1. Abbé Lambert, *Histoire de l'église de Notre-Dame des Victoires.*

Gabriel Le Duc, ce petit temple, inauguré avec l'église en 1666, fut détruit en 1739.

D'autres titres de la Vierge Mère étaient pieusement conservés par les Augustins réformés ou Petits Pères qui desservaient l'église. C'étaient Notre-Dame de Montaigu, Notre-Dame des Sept-Douleurs et Notre-Dame de Savone.

De Notre-Dame de Montaigu, les Augustins n'avaient qu'une image, don d'Anne d'Autriche, reproduisant la Vierge miraculeuse vénérée en Brabant depuis le début du xvie siècle et en l'honneur de qui le prince Albert, archiduc d'Autriche et sa pieuse épouse Isabelle, grands-oncle et tante d'Anne d'Autriche, avaient édifié une église magnifique.

Plus considérable était, dans l'église des Petits-Pères, la place occupée par Notre-Dame des Sept-Douleurs, qui y avait une chapelle décorée aux frais du P. Eustache de Sainte-Agnès et une effigie en bois, haute de deux mètres, due au sculpteur François.

Enfin à la place où se trouve actuellement l'autel de l'Archiconfrérie s'érigeait une chapelle dédiée à Notre-Dame de Savone. Cette Vierge de Savone était, en Italie, l'objet d'une fervente vénération depuis 1536, époque à laquelle la sainte Vierge était apparue à un pauvre paysan, Antoine Botta, en exhortant le monde à la pénitence.

Le F. Fiacre, qui avait souhaité d'établir à Montmartre un couvent de son ordre, avait fait exécuter en marbre blanc, avec les offrandes des deux reines : Anne d'Autriche et Marie-Thérèse, la réplique des statues de Savone. La construction du couvent de Montmartre étant demeurée en projet, le F. Fiacre s'adressa en ces termes à Anne d'Autriche : « Madame, c'est une reine étrangère qui vous demande l'hospitalité dans votre royaume pour le combler de bénédictions. » La reine mère acquiesça à ce désir, promit de faire bâtir dans l'église de Notre-Dame des Victoires une chapelle dédiée à Notre-Dame de Savone, et, avant de mourir, elle en confia la réalisation à Louis XIV.

C'est à Colbert lui-même, secrétaire d'État de l'Intérieur et contrôleur général des Finances, qu'incomba la charge de cette construction. Claude Perrault, l'architecte qui, plus tard, éleva la colonnade du Louvre, adopta des dessins dus au Vénitien Scasmozzi et dont le style ionique s'harmonisait à l'ensemble de l'église. La chapelle avait vingt-six pieds de hauteur. « Les colonnes étaient en marbre de Languedoc; le fond de l'autel et le socle étaient de petite brèche. Lorsque les travaux furent terminés, Colbert voulut en voir l'effet, il fit ajouter deux consoles de chaque côté de l'autel. On plaça ensuite la statue de Notre-Dame de Savone sur un piédestal de marbre blanc, au milieu de l'autel, et à côté, sur l'assise préparée, celle d'Antoine Botta, qui apparaissait à genoux devant la sainte Vierge, en la posture où il était quand elle lui apparut. Le 2 avril 1674 la chapelle fut solennellement bénite, et on y célébra, pour la première fois le saint sacrifice de la messe [1]. »

Jusqu'à la Révolution, les prières des fidèles montèrent, paisibles et pieuses, vers la divine Reine étrangère, dans la chapelle dite de Savone. Mais le 7 janvier 1796, l'autel et la statue furent transportés au musée des monuments français. Désaffectés, dépaysés, laïcisés, ils ne devaient plus jamais revenir dans notre sanctuaire. Le 9 novembre 1809, l'église de Notre-Dame des Victoires, rouverte au culte, était rendue au clergé. Mais ce n'est qu'en 1822, que, à l'instigation du curé, M. Fern-

1. Abbé Lambert.

M. DUFRICHE DESGENETTES

Fondateur de l'Archiconfrérie

bach, des recherches, d'ailleurs infructueuses, furent entreprises, afin de retrouver le groupe de Notre-Dame de Savone. En désespoir de cause, M. Fernbach, se procura une autre statue, et c'est celle-là même que nous vénérons à présent.

On la croit l'œuvre d'un Italien. Elle ne serait, en plâtre plein, que la première ébauche d'une statue qui aurait été sans doute de matière plus précieuse et d'un travail plus achevé. Quel fut l'artiste ? Pourquoi n'a-t-il pas poursuivi son œuvre ? Autant de problèmes insolubles. Mais leur solution importe-t-elle réellement ? La précision des noms, des dates, des circonstances de l'histoire ajouterait-elle quelque chose à la tendresse et au respect que nous inspire cette figure, éclose d'un rêve de divine royauté et de pitié miséricordieuse ?

« N'aimez-vous pas, cher pèlerin, que le nom de celui qui la pouvait revendiquer comme son œuvre, reste inconnu ? Il semble qu'elle soit donnée par le ciel. N'aimez-vous pas que ce soit une première ébauche du ciseau ? Il y a là quelque chose de plus virginal. Je dirai toute ma pensée : n'aimez-vous pas que ce ne soit point un chef-d'œuvre d'art ? Elle porte plus visiblement au front la marque du choix mystérieux de Dieu, qui se plaît souvent à manifester sa puissance en se servant d'instruments, dans lesquels le génie et la puissance de l'homme disparaissent davantage [1]. »

1. Abbé Dumax.

CHAPITRE III

L'Archiconfrérie du très saint et immaculé Cœur de Marie.

Le Fondateur

L'Archiconfrérie est l'âme de notre église, et à qui en connaît l'ordonnance et l'aspect général il n'est pas trop tôt d'en découvrir l'âme. L'action divine y est, pour ainsi dire, sensible et le moins qu'on puisse dire, c'est que l'Archiconfrérie du très saint et immaculé Cœur de Marie pour la conversion des pécheurs doit son origine à des circonstances merveilleuses.

C'était le 3 décembre 1836, jour de la fête de saint François Xavier. Le curé de Notre-Dame des Victoires, M. Dufriche-Desgenettes, célébrait sa messe à l'autel de la Vierge. Mais écoutons-le raconter ce qui se passa entre la sainte Vierge et lui-même. Aucun récit ne vaudrait le compte rendu à la fois simple et saisissant qu'il nous en a laissé.

« Je commençais la sainte messe au pied de l'autel de la sainte Vierge, que nous avons depuis consacré à son très saint et immaculé Cœur; je récitais le premier verset du psaume *Judica me*, ce colloque divin où l'âme brisée du prophète cherche dans la confiance en Dieu le repos de ses agitations, quand une pensée vint s'emparer de mon esprit. C'était la pensée de l'inutilité de mon ministère dans la paroisse de Notre-Dame des Victoires. Depuis quatre années passées dans des travaux infructueux, je n'avais, il est vrai, que trop d'occasions de la rappeler à mon souvenir, mais dans cette circonstance elle exerça sur mon âme une impression plus vive que de coutume. Je fis mille efforts pour l'éloigner de mon esprit, mais elle se jouait de ma vaine résistance, et il me semblait entendre comme une voix qui venait de mon intérieur et qui disait :

« *Ton ministère est sans fruit dans cette paroisse, voilà plus de quatre ans que tu en es le pasteur. Où sont les résultats de tes labeurs ? L'église est abandonnée et la dernière étincelle de foi menace de s'éteindre. Ne faudrait-il pas céder à d'autres mains le soin de la rallumer ?*

« Et je redoublais d'efforts pour repousser cette pensée, mais elle était si vive, mais elle occupait tellement les puissances de mon âme que je récitais les prières de la liturgie sainte sans avoir presque la conscience des paroles que mes lèvres proféraient.

« Tels furent les troubles de mon âme jusqu'au moment où s'ouvre la partie solennelle du sacrifice. Après avoir récité le *Sanctus*, je m'arrêtai un moment pour me recueillir et pour rappeler mes idées.

« Effrayé de l'état de mon âme, je me disais : *O mon Dieu, puis-je vraiment continuer l'oblation sainte ? Ai-je assez de présence d'esprit pour une action si sublime ? Avant, Seigneur, avant, délivrez-moi de ces distractions qui m'obsèdent.* A peine eus-je prononcé ces paroles que j'entendis très distinctement ces mots articulés d'une manière solennelle : *Consacre ta paroisse au très saint et immaculé Cœur de Marie.* Puis la voix intérieure qui résonnait en mon âme se tut, et je recouvrai sans effort le calme et la liberté de l'esprit. L'impression fatale qui m'avait violemment agité disparut, et il n'en resta plus, jusqu'à la fin du sacrifice, aucun vestige en mon âme.

« Les saints mystères achevés, je m'humilie devant Dieu de la longue distraction qui avait troublé mon âme, j'en recherchai les causes, j'étudiai la part qu'y avait prise ma volonté : Pendant que je me livrais à cet examen, le souvenir des paroles que j'avais entendues me revint à l'esprit. *Oh! non,* me dis-je avec une espèce de terreur, *non, c'est une illusion, je ne puis croire à la possibilité d'une communication du Ciel. Au moins, mon Dieu, je ne suis pas coupable, mais je ne veux plus songer à ces paroles.*

« Telles étaient mes résolutions lorsque, me levant de mon prie-Dieu, j'entendis une deuxième fois distinctement ces mêmes paroles : « *Consacre ta paroisse au très saint et immaculé Cœur de Marie.* » Je retombe à genoux stupéfait et confondu. Je cherche à douter encore et à m'affirmer à moi-même que je suis l'objet d'une illusion nouvelle; mais je ne puis plus me le dissimuler. Marie veut à Notre-Dame des Victoires un nouveau culte et de nouveaux hommages; ses paroles ont la clarté de l'évidence : elle donne pour refuge à nos misères son Cœur saint et immaculé.

« Je rentre dans mon appartement sous l'influence de cette pensée : *Pourquoi tant d'hésitation et de crainte,* me disais-je ? *Est-ce que cette dévotion envers la Vierge sainte ne peut avoir un effet salutaire sur ma paroisse ?* Et je me mis à composer les règlements de notre association et je vis, à mesure que j'écrivais, que le sujet s'éclaircissait à mes yeux. »

De ces statuts [1], nous retiendrons seulement quelques-

1. Office et prières de l'Association, édition de 1837.

uns : le premier d'abord, qui précise l'objet de la nouvelle confrérie :

I. — *Une association de prières en l'honneur du Cœu immaculé de la très sainte vierge Marie, pour obtenir par ses mérites la conversion des pécheurs, est établie dans l'église paroissiale de Notre-Dame des Victoires, à Paris.*

II. — *Tous les catholiques, de quelque âge, de quelque sexe qu'ils soient, sont appelés à entrer dans cette association. On leur recommande d'y apporter le zèle de la gloire de Dieu, du salut de leurs frères et un saint désir d'imiter, chacun dans son état, les vertus dont Marie a donné de si admirables exemples.*

III. — *Chaque personne associée, pour participer aux avantages spirituels de l'Association, devra donner ses noms de baptême et de famille pour être inscrite sur le registre de l'Association, et recevra un exemplaire imprimé du présent règlement, à la suite duquel sera inscrite son admission avec la signature du directeur.*

Chaque associé recevra, au moment de son admission, pour la porter sur lui avec respect et dévotion, la médaille indulgenciée dite de l'Immaculée Conception, connue sous le nom de Médaille miraculeuse : *il sera invité à réciter de temps en temps la prière, gravée sur cette médaille : « O Marie conçue sans péché, priez pour nous qui avons recours à vous. »*

VII. — *Les associés feront en sorte d'offrir et de consacrer tous les matins au Saint Cœur de Marie toutes les bonnes œuvres, prières, aumônes, actes de piété, mortifications, pénitences qu'ils feront dans le cours de la journée.*

Leur intention sera de les unir aux mérites de ce saint Cœur, *aux hommages qu'il rend sans cesse à la divinité, d'adorer avec lui la très sainte Trinité, le divin Cœur de Jésus et d'implorer par son infinie miséricorde la grâce et la conversion des pécheurs.*

IX. — *Les associés se souviendront que c'est surtout par la pureté du cœur qu'ils mériteront la protection du saint Cœur de Marie ; ils s'efforceront de se la procurer par de bonnes et fréquentes confessions et communions, surtout aux jours des fêtes de l'Association.*

Il sera célébré tous les dimanches et fêtes chômées pendant l'année, et aussi les autres fêtes mentionnées dans l'article 10, un office au nom de tous les associés. Cet office consistera dans le chant des vêpres de la sainte Vierge ; un sermon ou instruction sur les vérités dogmatiques et morales de la religion, un salut du très Saint-Sacrement.

Tous les samedis de l'année, excepté le samedi saint, le saint sacrifice sera offert à neuf heures du matin, à l'autel de l'Association, en l'honneur du saint Cœur de Marie, pour la conversion des pécheurs.

*
* *

Tels sont les faits. Comment les expliquer ? Exaltation mystique, dira-t-on peut-être, d'un prêtre que le vocable de son église entraîne à rêver de victoires. Dévotion particulière au Cœur Immaculé, emportée du pays natal, qui est le diocèse du P. Eudes.

Ni l'une ni l'autre de ces hypothèses ne résiste à l'examen. M. Dufriche-Desgenettes n'est pas du tout fier de sa paroisse : « L'église dédiée à Notre-Dame des Victoires, écrit-il au Manuel de l'Archiconfrérie, a perdu son nom avec sa gloire; on ne la connaît plus que sous le nom sans expression de l'église des Petits-Pères. Située dans le quartier des affaires, elle est presque inconnue d'un grand nombre de ses habitants. »

« Depuis la révolution de juillet, dit encore M. Desgenettes, s'adressant alors à l'archevêque de Paris, les sacrements n'y sont plus fréquentés, les malades meurent comme s'il n'y avait pas d'avenir, la table sainte est abandonnée, l'église déserte. Jésus-Christ était plus à l'abri des insultes dans sa misérable crèche qu'il ne l'est aujourd'hui peut-être dans ma pauvre église. »

D'autre part, M. Dufriche-Desgenettes ignore culte et dévotion au Cœur Immaculé. Son témoignage sur ce point est positif.

« Nous, enfant de Marie, habitué dès notre plus jeune enfance à l'aimer, à la vénérer comme la plus tendre des Mères, nous ne comprenions rien à la dévotion à son saint Cœur; nous évitions même d'y penser. Nous ajoutons encore qu'un saint religieux, le P. Mac Carthy, ayant un jour prêché dans notre église des Missions étrangères sur le saint Cœur de Marie, nous ne recueillions de son sermon aucun sentiment, donnant notre suffrage ordinaire à l'éloquence du prédicateur, mais fâché, tant était grand l'orgueil de notre prévention, qu'il eût traité un tel sujet que nous pensions n'être pas plus utile aux autres qu'à nous. »

D'ailleurs, M. Dufriche-Desgenettes se récuse comme fondateur : « L'Archiconfrérie a pris naissance le 3 décembre 1836. Beaucoup de personnes, qui ne jugent que d'après les apparences, nous en appellent le fondateur. Nous ne pouvons pas laisser passer ce préjugé sans le combattre et le détruire. Nous ne sommes point le fondateur : à Dieu seul l'honneur et la gloire; nous n'avions aucune disposition d'esprit et de cœur qui pouvaient nous y préparer. » Il y eut donc bien inspiration, inspiration de la Vierge, soudaine, surnaturelle, irrésistible.

Mais l'humilité du saint prêtre le trompe. Si le cours habituel de ses réflexions ne l'a pas conduit à découvrir de lui-même les miséricordes du Cœur Immaculé, il est de tous points digne du choix de la sainte Vierge. Sans esquisser ici la biographie de M. Desgenettes, qu'il nous suffise de considérer le beau portrait de M. Desgenettes, par Court, et nous comprendrons que la sainte Vierge ait élu pour confident ce prêtre humble, pur, énergique.

Pur! Tout jeune étudiant, sa présence commande le respect à ses camarades : « Taisons-nous, disent-ils, voici Desgenettes, nos paroles lui feraient beaucoup de peine. »

Énergique! En pleine Révolution, le 24 mars 1795, il réunit trois cents chrétiennes, va avec elles trouver l'administrateur de Dreux et en obtient, pour la semaine sainte et Pâques, les clefs des églises Saint-Jean et Saint-Pierre, alors fermées.

Pureté et énergie! Ce portrait exprime tout cela.

Et la charité profonde aussi, dans la douceur sereine qui empreint ces traits et attire la confiance des malheureux, dans ce regard pénétrant, soucieux de deviner, afin de les consoler, le secret de toutes les détresses qui passent...

La première réunion de l'Archiconfrérie

Pendant les jours qui suivirent l'*inspiration* dont nous avons essayé de démontrer le caractère surnaturel, M. Desgenettes ne demeura pas inactif. Dès le samedi 10 décembre, les statuts de la future Archiconfrérie étaient approuvés par Mgr de Quélen, archevêque de Paris. Or, l'article 9 de ces statuts fixait au dimanche soir une réunion solennelle des Associés.

N'était-il pas trop tard ? Et le moyen de convoquer les fidèles pour la réunion du lendemain ? Mais M. Desgenettes ne veut pas retarder d'un jour la consécration de sa paroisse au Cœur Immaculé de Marie, refuge des pécheurs. Au prône de la grand'messe, le dimanche, il dit ses intentions, la Confrérie ébauchée et annonce que le soir même, à 7 heures, un office extraordinaire aura lieu, afin d'obtenir de Dieu, par l'intercession du très saint Cœur de Marie, la grâce de la conversion des pécheurs.

Pour entendre cet avis, les fidèles présents sont dix. L'église est donc vide ou à peu près. Le pauvre pasteur a toutes les raisons d'appréhender une déception de plus, et d'autant plus sensible que cette dernière semaine il l'a vécue dans un renouveau d'espoir. Cependant, après la grand'messe, M. Desgenettes est suivi par deux négociants, pères de famille, ses paroissiens, que d'ordinaire on ne voyait guère à l'église. Tous deux lui demandent d'entendre leur confession. Point de départ d'un changement de vie sincère. Ainsi, M. Desgenettes n'a encore dit en public qu'un mot! Et il a suffi pour toucher deux âmes et les convertir. Consolantes et encourageantes prémices!

Cependant, l'espérance, dans l'âme du digne curé de Notre-Dame des Victoires, est encore singulièrement combattue. « Pendant tout le jour, écrit M. Desgenettes, nous flottions entre la crainte, l'inquiétude et quelques lueurs seulement d'espérance. Nous calculions, d'après nos douloureuses prévisions, quel serait le nombre des fidèles qui se rendraient, le soir, au pied de l'autel de Marie. Hélas! qu'il devait être petit! C'est à peine si nos conjectures osaient le porter à quarante ou cinquante personnes. Mais, ô mon Dieu! qu'est-il donc arrivé ? Est-ce que vous béniriez déjà cette œuvre et rendriez-vous à la piété ce temple autrefois si cher à la France ? Sept heures étaient sonnées à peine, et nous nous trouvions déjà en présence d'une réunion de quatre à cinq cents personnes. Quel écho mille fois béni leur a transmis notre invitation ? Qui les a pressées de quitter leurs réunions de famille, leurs jeux ou leurs affaires pour se réunir au pied d'un autel si longtemps désert ? »

Jamais, excepté aux fêtes de Noël et de Pâques, un tel nombre n'avait été vu.

Cette assistance improvisée est silencieuse, sinon recueillie. La plupart de ceux qui sont là y ont été conduits par une impulsion confuse. Aucun compte rendu officiel ou privé n'est demeuré de leurs dispositions au début de l'office. Sans doute, le plus grand nombre regarde, écoute dans une demi-indifférence

Aussi bien, qu'importe ? La Vierge est là comme à Cana en Galilée pour des noces mystiques : *Et erat mater Jesu ibi.* Après le chant des vêpres de la sainte Vierge, M. Desgenettes monte en chaire et expose les motifs et le but de la réunion. Sa parole est simple, claire, émue. Rien de plus, semble-t-il. Mais la grâce est avec elle. Et en tombant sur les cœurs elle en fait jaillir la prière.

Agenouillé maintenant au pied de l'autel de Marie, M. Desgenettes entonne les litanies de Lorette. Quand il arrive à l'invocation, *Refugium peccatorum, ora pro nobis*, la foule, d'un élan spontané et unanime, tombe à genoux et par trois fois redit la formule de supplication. Assurément, dans l'âme de cette foule, tout à l'heure impassible et froide, un fait nouveau s'est produit : la grâce a passé; vers Dieu par sa Mère, elle emporte les âmes dans le repentir et la confiance.

M. Desgenettes ne s'y trompe pas : « O ma bonne Mère, s'écrie-t-il les yeux baignés de larmes, Vous les entendez ces cris de la confiance et de l'amour; Votre cœur n'en sera-t-il pas ému et ne sauverez-vous pas ces pauvres pécheurs qui vous appellent leur refuge ? Adoptez, ô Marie, cette association fondée pour leur salut; et pour faire voir à votre humble serviteur qu'elle vous est chère, donnez-m'en pour signe la conversion de M. Joly J'irai demain chez lui en votre nom. »

On le voit : M. Desgenettes se montre exigeant. Mais le Dieu très prudent et très sage ne s'offense pas de ces audaces et de ces réserves qui se concilient avec une foi et une bonne volonté incontestables. Et il condescend même à ces épreuves qui servent à établir d'irréfutable sorte, la réalité de ses miséricordes.

On sait le reste : comment M. Joly, dernier survivant des ministres de Louis XVI, âgé de plus de quatre-vingts ans, aveugle, d'une vigueur intellectuelle intacte, mais imbu du philosophisme du XVIIIe siècle, consent le 12 décembre, pour la première fois, à accueillir de son curé une simple visite de politesse, et comment, tout d'un coup, ouvrant de lui-même à la rosée céleste son cœur jusque-là fermé, il demande à M. Desgenettes sa bénédiction. L'ayant reçue, il ajoute : « Que votre visite me fait de bien, Monsieur le curé ! Mes yeux ne peuvent vous voir, mais je sens votre présence à je ne sais quelle douce paix répandue dans mon âme. Depuis que vous êtes auprès de moi, j'éprouve comme un calme, comme une joie intérieure que je n'avais jamais connue. »

Ce jour-là même, M. Joly commence sa confession ; il communie quelques jours après et jusqu'au jour de sa mort, 10 avril 1837, ses sentiments ne sont plus que foi profonde, touchante soumission aux volontés de Dieu, confiance illimitée en sa miséricorde.

M. Desgenettes peut goûter, en plénitude, une joie d'apôtre. Déjà la sainte Vierge l'a comblé en multipliant les évidences, elle lui a fait entrevoir une magnifique moisson d'âmes.

Il s'agit maintenant d'assurer à l'œuvre d'hier l'existence légale qui en sauvegardera la durée. Le 16 décembre, Mgr de Quélen érige canoniquement la confrérie, autorise la publication des statuts et l'ouverture d'un registre d'inscription. Ouvert le 12 janvier 1837, ce registre renfermait déjà, dix jours après, deux cent quatorze noms d'associés.

Extension merveilleuse de l'Archiconfrérie

Les origines de l'Archiconfrérie sont vraiment merveilleuses. Autour de son berceau, les dates se précipitent comme des victoires. Née le 3 décembre d'une inspiration de la Vierge, consacrée le 10 par l'autorité épiscopale, elle a, le 11, sa première réunion et, le 12, le baptême de son premier miracle : l'étonnante conversion de M. Joly.

Les progrès de l'Archiconfrérie sont plus merveilleux encore que ses origines. Ce n'est pas qu'elle n'ait connu l'épreuve :

« Les moissons pour mûrir ont besoin de rosée, » dit le poète. Et sans nous appesantir à constater l'universelle loi de toute croissance, qu'il nous suffise de remarquer combien plus solide apparaît une œuvre qui a été combattue, traversée et qui, finalement, demeure victorieuse!

Bien que les prières de la nouvelle confrérie n'aient encore retenti que du côté du ciel, les échos de la terre en ont recueilli assez pour provoquer la curiosité et les jugements du public. Et ce fut un concert unanime de désapprobation dans la presse irréligieuse : « Voici la superstition qui rentre dans l'église, » dit l'un. « On nous ramène au Moyen Age, » renchérit un autre. « Est-ce que la mission des frères ignorantins n'est pas finie » ? ajoute un troisième.

Et les jugements téméraires de s'accumuler, de prêter

à M. Desgenettes les visages les plus disparates : Ambitieux, intrigant, imposteur, cupide, les plus modérés disent visionnaire. Il y a de ces portraits pour tous les goûts et de toutes les plumes.

Mais le pieux curé ne s'en émeut pas : « L'association se plaît-il à répéter, fait la guerre à Satan; elle lui arrache des victimes; il est naturel que Satan lui rende guerre pour guerre. Le perfide n'a pas trouvé de moyen plus propre à la discréditer que de calomnier son directeur. Je ne me découragerai pas. Qu'on dise de moi tout ce qu'on voudra, peu importe; ce n'est pas de moi qu'il s'agit. Ce n'est pas ici mon œuvre; c'est celle de la sainte Vierge : elle saura bien la faire réussir quand même. »

Une autre préoccupation bien plus grave le tient à cette époque dans une inquiétude justifiée. La confrérie qu'il vient de fonder, M. Desgenettes souhaite de la voir ériger en Archiconfrérie, afin d'étendre à la France entière les grâces précieuses dont la confrérie est le gage et le canal. Pour obtenir du pape ce privilège, M. Desgenettes s'adresse à Mgr de Quélen qui, pour l'instant, refuse, alléguant l'inutilité d'une démarche de ce genre en cour de Rome. Sur ces entrefaites, Mgr Affre succède à Mgr de Quélen, mais n'entre pas davantage dans les vues de notre saint curé.

L'année 1837 se passe donc sans apporter à l'œuvre l'extension rêvée. Néanmoins, cette œuvre vit. Les réunions, sans compter d'aussi nombreuses assemblées que celle du 11 décembre 1836, se poursuivent régulièrement. Les communions se multiplient : en 1836, leur chiffre s'élève à 4 600. En 1837, il est tout proche de 15 000 [1]. Si pieusement impatient qu'il soit, M. Desgenettes en aperçoit et en caractérise à merveille le développement

1. En 1924 il atteint 142 000.

profond et lent, tout à la fois surnaturel et normal : « Le germe venait d'être créé, la divine bonté voulait seule le développer et l'amener à sa perfection... Il fallait que cette œuvre, si petite dans son principe, confiée à un si pauvre instrument, et pourtant destinée à acquérir tant de grandeur, fût abandonnée des hommes, afin qu'il fût évident qu'elle était l'œuvre de Dieu, que sa puissance seule la soutenait et que sa main la dirigeait. Dès le moment de sa naissance, la bonté divine, en la créant, lui avait dit : « Ma grâce te suffit ! »

Assurément, dans ces lignes perce quelque regret. Mais son *Archiconfrérie*, M. Desgenettes l'espère tout de même contre toute espérance.

Mis en relations par un ami résidant à Rome avec deux cardinaux, il les intéresse à sa cause et ils promettent « de présenter la requête au Saint-Père et d'obtenir, sous quinze jours, l'érection d'une Archiconfrérie. » Mais au bout d'un mois, ils y renoncent, « disant qu'ils ont heureusement fait des réflexions qui préviennent une démarche indiscrète et tout à fait inutile; que le Saint-Père n'accordera jamais une telle faveur, même à l'archevêque de Paris, quand il la demanderait. »

Il semble qu'à présent l'affaire soit classée. S'obstiner davantage serait une manière de folie : « Il y avait un an que la requête dormait à Rome, écrit M. Desgenettes, quand, dans les derniers jours de mars 1838, nous pensâmes à réclamer, par des prières spéciales de l'Association, la protection de Marie pour le succès de cette affaire. »

Ce renouveau de supplication est sans retard exaucé ! A la prière de son serviteur, Notre-Dame des Victoires répond de telle sorte que le bienfait en paraît doublé ! Les appuis hiérarchiques de M. Desgenettes se sont récusés ! La sainte Vierge lui suscite un avocat inattendu : « Dans les premiers jours d'avril, une dame aussi illustre par sa piété que par sa haute naissance » — Mme la princesse Borghèse, — « entendant parler d'une manière tout à fait imprévue des prodiges de grâce obtenus dans l'église de Notre-Dame des Victoires et de la demande du curé, se charge de présenter cette demande au pape et sollicite une audience à cet effet. »

Au jour dit, la princesse est introduite auprès du pape Grégoire XVI : « Encore une grâce à demander! » dit le pontife, en apercevant la princesse. « Encore, » répond-elle, confiante. Mais que présage ce préambule ? L'accueil du pape est assurément empreint de paternelle condescendance, et c'est très encourageant. Mais tout à l'heure, l'inflexibilité sur le principe qu'avec raison les princes de l'Église attribuent au pontife suprême ne va-t-elle pas reprendre ses droits ?

Il n'en est rien. Dès que Grégoire XVI a lu la requête du pieux fondateur, il approuve l'intention et le but proposés. Et par un bref en date du 24 avril 1838, il « élève à la dignité d'Archiconfrérie l'Association érigée le 16 décembre 1836 en l'église Notre-Dame des Victoires, sous le titre de Confrérie du très saint et immaculé Cœur de Marie pour la conversion des pécheurs, lui accordant, en outre, avec les indulgences les plus précieuses, le privilège de s'affilier toutes les confréries établies canoniquement sous le même titre et dans le même but, non seulement en France, mais encore dans tout l'univers. »

Revêtu du visa de l'archevêque de Paris, le bref du 24 avril 1838 est délivré le 24 juin à M. Desgenettes qui le publie le jour même. Et pour rendre à Notre-Dame des Victoires l'action de grâce singulière d'une reconnaissance aussi vive que profonde, il lui offre une neuvaine de *Magnificat*. Chantée solennellement après le salut, chaque dimanche et fête, cette neuvaine se clôture au soir de l'Assomption 1838.

LOUIS XIII OFFRANT A LA SAINTE VIERGE

L'ÉGLISE N.-D. DES VICTOIRES

En 1860, à la mort de M. Desgenettes, l'Archiconfrérie comptait 825 336 associés, inscrits sur ses registres et 13 265 confréries affiliées dans le monde entier.

Aujourd'hui, nous avons pour Paris seulement un million et demi d'inscriptions et plus de 20 500 confréries affiliées, ayant chacune ses associés dont il est impossible d'évaluer le nombre.

Le tombeau de M. Desgenettes

Jusque dans son dernier sommeil, le vénéré fondateur de l'Archiconfrérie reste voisin de l'autel où il avait entendu la voix inspiratrice. Son tombeau a été creusé face à la Vierge en avant de la table de communion. Il lui fut préparé en son absence, un peu par surprise, trois ans avant sa mort. Son humilité s'émut d'abord de cet honneur, mais la joie l'emporta bientôt, et le saint vieillard aimait à penser qu'il reposerait un jour aux pieds de Notre-Dame des Victoires.

Ce repos fut tristement troublé aux mauvais jours de la Commune, et au tombeau de M. Desgenettes se rattache une des pages les plus douloureuses de l'histoire de notre sanctuaire.

Chose étrange, et qui scandalise un peu notre dévotion, la grande Révolution n'avait fait que désaffecter l'église : en 1793, le club du Mail y tient ses séances, et le 8 janvier 1796, un arrêté du Directoire y installe la Bourse de Paris; la Commune de 1871 la profana odieusement. En vain des quêtes avaient-elles été autorisées aux portes de l'église pour *venir en aide aux braves fédérés.* Très différentes d'ailleurs de celles qui ont lieu aujourd'hui, et peu abondantes ! L'historien de Notre-Dame des Victoires nous dit pourtant que ces quêtes « eurent lieu avec assez d'ordre, les citoyennes quêteuses furent convenables, il y en eut même parmi elles qui savaient comment l'on doit se tenir dans une église. »

En vain le maire du IIe arrondissement avait-il affirmé qu'on n' « inquièterait point les églises » de son ressort pourvu qu'on ne se mêlât pas des affaires politiques et des actes de son administration. Le mercredi 17 mai, veille de l'Ascension, en plein exercice du mois de Marie, l'église est envahie par le 159e bataillon des fédérés. Brutalement, les fidèles sont expulsés, les prêtres arrêtés,et le pillage commence suivi d'une orgie sans nom.

Au cours des fouilles pratiquées dans toute l'église, les sépultures très nombreuses avaient été violées; seul le tombeau de M. Desgenettes restait intact. Un fédéré avait eu le courage de le défendre. « Oh! pour celui-ci, vous n'y toucherez pas; il m'a élevé, il a donné du pain à mes enfants, il était pour moi un père. Faites des autres ce que vous voudrez, mais vous ne profanerez pas celui-ci tant que je serai vivant. »

Mais, le 19 mai, à midi, d'autres fédérés vinrent remplacer les premiers et s'acharnèrent sur ce corps, le seul qui leur restait à profaner. Comme si la palme du martyre manquait à la gloire de M. Desgenettes, les misérables lui coupent la tête et la promènent au bout d'une pique autour de la place des Petits-Pères. Mais l'horreur et le dégoût qu'ils inspirent les ramènent bientôt dans l'église, et ils rejettent la tête vénérable dans le cercueil, refermé avec soin par de pieux fidèles au soir du 24 mai.

Après cette violation, une restauration complète du tombeau était devenue nécessaire; elle fut achevée en 1873. La pierre tumulaire qui le recouvre date de cette époque. Elle porte une inscription composée par M. le commandeur de Rossi.

CHAPITRE IV

Les chapelles latérales.

La chapelle Sainte-Anne

La chapelle la plus voisine de celle de l'Archiconfrérie, est dédiée à sainte Anne. Pieuse et touchante pensée qui a voulu relier ainsi le culte de la Mère à celui de la Fille, mais pensée toute moderne, hâtons-nous de le dire. Il ne semble pas qu'Anne d'Autriche, si fidèle à visiter son sanctuaire de prédilection, ait jamais songé à y établir le culte de sa sainte patronne. C'est le conseil de l'Archiconfrérie qui, en 1865, fit restaurer et consacrer à sainte Anne cette chapelle autrefois dédiée à saint Nicolas de Tolentino.

Pourquoi saint Nicolas de Tolentino, à Notre-Dame des Victoires ? Tout simplement parce que la dévotion à ce saint, ermite de saint Augustin, était chère aux Petits Pères. Chaque année, le 10 septembre, la fête de saint Nicolas était célébrée en grande solennité. Même, une cérémonie curieuse rappelait un prodige raconté dans la vie du saint. Malade d'une fièvre violente et en danger de mourir, saint Nicolas « aimant mieux s'adresser à la sainte Vierge qu'aux médecins, fut guéri par un petit morceau de pain trempé dans l'eau que lui présenta la Vierge. »

En souvenir de ce prodige, des petits pains étaient bénis tous les ans le 10 septembre et distribués aux fidèles qui s'en servaient contre la fièvre et beaucoup d'autres maux.

De l'ancienne chapelle Saint-Nicolas, bâtie par le Président de Metz, en 1702, pour la sépulture de sa famille, il ne reste que les deux colonnes ou piliers carrés, à chapiteaux d'ordre ionique, qui soutiennent la menuiserie de chaque côté de l'autel.

De la restauration effectuée en 1865, il ne reste rien. Trouvant l'autel indigne de sainte Anne, M. Chevojon décida de le reconstruire, en 1879. Les artistes s'inspirèrent du style Louis XIV, sans viser à l'originalité. Le bas-relief qui domine l'autel représente sainte Anne assise, faisant lire la Vierge debout auprès d'elle : un beau sujet, mais dont les personnages, disproportionnés et sans grâce, pèsent lourdement sur l'autel.

La chapelle du Sacré-Cœur

Dans le sanctuaire du Cœur Immaculé, il est de convenance, très douce et très haute à la fois, que le Sacré-Cœur de Jésus, Fils de Dieu et Fils de Marie, ait son autel spécial.

Aussi bien « Dieu a uni si étroitement ces deux cœurs, qu'on peut dire, en vérité, qu'ils ne sont qu'un cœur... Les cœurs de Jésus et de Marie étaient comme deux harpes mystiques. Telle était, en effet, leur ressemblance, telle était l'intimité de leur union qu'ils ne faisaient entendre qu'un même chant de douleur ou qu'un même cantique d'amour ou de louanges. Il y avait entre ces deux cœurs une harmonie, une correspondance parfaites : les pensées, les volontés, les goûts et les répulsions étaient les mêmes [1]. »

Et voilà comment, en sortant de la chapelle de Sainte-Anne, le pèlerin, entrant tout droit dans la chapelle du Sacré-Cœur, ne quitte point la sainte Famille.

La chapelle du Sacré-Cœur, dédiée, avant 1793, à saint Eusèbe, devait son vocable et sa décoration aux soins de Eusèbe Chaspoux de Verneuil, introducteur des ambassadeurs, qui y fut inhumé en 1745.

En 1844, M. Desgenettes attribua cette chapelle au culte de Notre-Dame des Sept-Douleurs. Mais, en 1874, M. Chevojon, plaçant Notre-Dame des Sept-Douleurs dans l'ancienne chapelle de Saint-Jean-Baptiste, alors sans destination déterminée, voua au Sacré-Cœur de Jésus, la chapelle rendue disponible.

Les boiseries datant des Augustins ont été conservées. L'ordonnancement général de la chapelle est de style Louis XIV, s'harmonisant ainsi avec les chapelles de Sainte-Anne et de Notre-Dame des Sept-Douleurs; l'exécution des travaux avait été d'ailleurs, comme pour les susdites chapelles, confiée à MM. Francis et Aimé Jacquier, de Caen. Le bas-relief du retable en pierre de Caen, disposé en hauteur, a plus d'élégance que le retable de sainte Anne. Mais il est regrettable que l'apparition de Notre-Seigneur à la bienheureuse Marguerite-Marie ne soit pas plus nettement caractérisée. On la pourrait aussi bien nommer : « Manifestation de Jésus à Marie-Madeleine, au matin de la Résurrection. »

La statue du Sacré-Cœur est moderne et quelconque. A gauche, un reliquaire garde nombre de croix d'honneur et des médailles miraculeuses. A droite, un expressif *Ecce homo* dans un cadre de bois sculpté. De chaque côté, des cœurs d'or montent sur les vieilles

1. P. Le Doré, *Les Sacrés-Cœurs*.

boiseries. Parmi les *ex-voto* qui, du haut en bas, tapissent les piliers, nous en relevons un dont l'accent pénétrant raconte une touchante histoire d'âme :

Qu'on est humble dans ses douleurs!
Le cœur brisé, j'étais en pleurs.
Je vous implorai, sainte Vierge,
Agenouillé, j'offris un cierge
A votre autel et j'espérai.
Je fus exaucé; je croirai.

La chapelle de Saint-Joseph

La chapelle suivante est dédiée à saint Joseph. C'est la plus spacieuse et la plus riche de toutes celles des bas côtés. Elle est de style ionique, avec deux lourdes colonnes en angle et une profusion de bronzes dorés. Retable, médaillons, statuettes, tout est doré dans cette chapelle, jusqu'à saint Joseph, lui-même, que tout ce luxe gêne visiblement... Il a l'air triste malgré l'enfant Jésus qu'il porte dans ses bras. L'autel, construit en 1883 par les soins de M. Chevojon, est de marbre avec montants et motifs de bronze.

Très probablement, au temps des Petits Pères, cette chapelle était consacrée à Notre-Dame des Sept-Douleurs. En 1822, nous la voyons, d'après un rapport daté de cette année, placée sous le patronage de sainte Hélène.

C'est M. Desgenettes qui l'offrit à saint Joseph et avec juste raison. Il convenait souverainement de faire fleurir la dévotion à saint Joseph dans un sanctuaire désormais consacré au Cœur Immaculé de Marie. « Il ne faut pas, » dit l'Écriture, « séparer ce que Dieu a uni. » Or, entre Joseph et Marie, l'intimité fut ineffable. Ils n'eurent, ils n'ont toujours qu'un cœur et qu'une âme. Et ce cœur et cette âme, nous devons les retrouver au sein d'une Archiconfrérie pour la conversion des pécheurs. Un pécheur converti, n'est-ce pas Jésus retrouvé, Jésus ressuscité!

La dévotion populaire ne s'y est pas trompée. Bien peu de pèlerins quittent notre sanctuaire sans avoir fait une prière à saint Joseph et, tous les ans, la fête du saint époux de la Vierge est le grand événement du mois de mars. Il y a, ce jour-là, comme un déplacement de la dévotion dans notre sanctuaire : « Allez à Joseph, » semble dire la Vierge à ses fidèles, et les fidèles désertant pour un jour la chapelle de Notre-Dame des Victoires, s'en vont porter à l'autel de Saint-Joseph leurs cierges avec leurs prières. Pour un étranger, le coup d'œil est magnifique et presque inquiétant de toute cette foule agenouillée dans le buisson ardent des cierges.

Deux souvenirs historiques se rattachent, non pas à la dévotion, mais à la chapelle de Saint-Joseph. Un mausolée d'une belle composition se détache au-dessus de la petite voûte qui donne accès dans la chapelle. C'est celui de Jean Vassal, secrétaire du roi Louis XIV. Deux anges pleureurs, dans une pose et avec une expression infiniment touchantes, se penchent sur une pyramide en marbre noir. Au-dessous, sur le cénotaphe, un médaillon du défunt avec l'inscription : *D. D. Joanni Vassal, regiis a secretis, parenti dilectissimo, viro pietate in Deum, obsequio in regem, meritis in patriam Commendatissimo, filii maerentes posuere.*

Sur la paroi opposée, une pleureuse est assise sur une dalle de marbre blanc. C'est tout ce qui reste d'un autre mausolée, celui du marquis de l'Hôpital placé, avant la Révolution, dans la chapelle qui sert aujourd'hui de sacristie.

*
* *

Avant la Révolution, la chapelle Saint-Joseph n'était pas la dernière. Il y en avait une autre dédiée nous ne savons plus à quel saint. Sans destination spéciale, depuis la réouverture de l'église, cette chapelle toute délabrée servait de décharge quand, en novembre 1861, l'idée vint de la supprimer et de mettre à la place de l'autel une statue de saint Pierre. Offrir à la vénération des fidèles l'image du prince des apôtres et du premier des papes, n'était-ce pas la meilleure manière de remercier la papauté si généreuse d'indulgences en faveur de l'Archiconfrérie ?

Le 22 février, la statue était solennellement inaugurée. C'est la reproduction exacte de la statue vénérée dans la basilique de Saint-Pierre à Rome. Le prince des apôtres est assis dans un fauteuil de marbre. De la main gauche, il tient les clés, symbole de son pouvoir spirituel, et de l'autre il bénit. Un baldaquin de velours rouge, renouvelé il y a quelques années, domine la statue avec ces mots brodés en lettres d'or : *Tu es Christus. Tu es Petrus.*

Cette statue de saint Pierre est l'objet, depuis son érection, d'une dévotion incroyable. La plupart des pèlerins de Notre-Dame des Victoires ne manquent pas en sortant, de s'arrêter là faire une prière et un geste d'obédience au chef de l'Église catholique. Ils touchent de leur front et de leurs lèvres le pied de bronze qui est devenu tout brillant sous les baisers des fidèles.

Tout récemment, enfin, une statue de sainte Jeanne d'Arc a été placée contre le pilier qui fait face à la porte, C'est le modèle bien connu de Vermare, très joliment encadrée de fines broderies aux armes de Paris et de Jeanne.

La chapelle des Fonts baptismaux

De l'autre côté de la nef, au point exactement symétrique, se trouve la statue de saint Antoine de Padoue, et tout près on remarque un bénitier, que surmonte une inscription en langue grecque, inspirée, par une ingénieuse et subtile fantaisie. Elle a été rapportée de Constantinople, où, gravée sur une colonne de l'église Sainte-Sophie, elle proposait aux Grecs une espèce d'énigme, un de ces jeux d'esprit tant goûtés de l'école alexandrine. C'est un vers *rétrograde*, c'est-à-dire qui se lit indifféremment de droite à gauche et de gauche à droite. Le centre de la phrase est marqué par un T, auquel aboutissent les deux files de caractères ordonnées d'une façon identique de chaque côté du T.

ΝΙΨΟΝΑΝΟΜΗΜΑΤΑΜΗΜΟΝΑΝΟΨΙΝ

Soit, direz-vous, le dessin est curieux, mais ne peut réjouir que des yeux lisant le grec. Cependant, à tout pèlerin qui n'a pas, et pour cause, l'amour du grec, il est loisible d'entendre, grâce à la traduction latine, le précepte enfermé dans les caractères damasiens : *Ablue peccata non solam faciem.*

Mais à ceux que le latin aussi laisse indifférents, on ne saurait conseiller d'adopter la traduction française qui suit et qui trahit jusqu'au contresens l'inscription grecque aussi bien que son équivalente latine : *C'est l'âme et non le corps qu'il faut purifier.* Ce « non le corps » laisse rêveur et pourrait scandaliser quelque pharisien, ami des ablutions. Mieux vaut sacrifier ce mauvais alexandrin et dire tout simplement en prose : « Lave tes péchés et pas seulement ton visage. »

Au-dessus de cette inscription, signalons-en une autre, une de celles qui célèbrent le couronnement de Notre-Dame des Victoires. Elle en marque la date, bien chère à tout cœur catholique et français :

« Pie IX pape ordonna que la cérémonie du couronnement de l'image de Notre-Dame des Victoires fût faite le jour de la Visitation de la sainte Vierge. Ce même jour, en 1849, l'armée française, aidée de la protection de la très douce Mère, avait délivré la ville de Rome, et préparé la rentrée prochaine du souverain pontife. »

A quelques pas du bénitier s'ouvre la chapelle des fonts baptismaux. On ignore la destination spéciale que les religieux attribuaient autrefois à cette chapelle. C'est en 1821 seulement qu'y furent installés les fonts, placés primitivement après la première travée, dans la chapelle alors consacrée à sainte Geneviève.

Cette chapelle est sans ornement. A signaler pourtant un bas-relief de Bonnassieux, offert à l'église par Mgr de Forbin-Janson. Alors custode de la prison Mamertine, cet illustre prélat, ami de M. Desgenettes, avait demandé au ciseau de Bonnassieux de sculpter sur les murs le miracle accompli dans cette prison.

La tradition de l'Église romaine veut que les apôtres Pierre et Paul furent enfermés dans la prison Mamertine, affreux cachot où les prisonniers étaient descendus à l'aide de cordes par une ouverture pratiquée dans la voûte. Chargés de chaînes, les apôtres attendaient au fond de cette prison leur martyre, lorsque la miséricorde divine amena près d'eux comme geôliers deux soldats, Processus et Martinianus. Esprits simples et cœurs droits, ces hommes furent vite frappés par le caractère et la dignité des prisonniers confiés à leur garde. Instruits par eux, ils demandèrent le baptême. Mais l'eau manquait dans le cachot. A la parole de Pierre, une fontaine jaillit du sol et les deux soldats furent baptisés par l'eau miraculeuse avant de l'être dans leur sang.

Bonnassieux, comme tous les artistes, a élargi le miracle et même la prison : c'est toute la famille des geôliers qui se présente au baptême. Mais le bas-relief est de grande allure : il a du mouvement, de la vigueur, de l'onction; saint Paul surtout est merveilleux dans le grand geste de ses bras chargés de chaînes.

Évidemment, il parle à cette foule; ce qu'il dit, nous le devinons sans peine, c'est la filiation divine du baptême; tout cet admirable chapitre VIII de l'épître aux Romains : « Ainsi donc, mes frères, ne vivons pas selon la chair, nous ne lui devons rien; tous ceux qui suivent les mouvements de l'Esprit de Dieu, ceux-là sont les enfants de Dieu. Aussi l'esprit nouveau que vous avez reçu n'est pas l'esprit tremblant des esclaves, mais celui des enfants d'adoption qui nous fait crier: « Père! Père! » C'est l'Esprit Saint qui rend lui-même témoignage à notre esprit, oui, nous sommes les enfants de Dieu.

« Enfants, donc héritiers, héritiers de Dieu et cohéritiers du Christ. Mais souffrons d'abord avec Lui pour être glorifiés avec Lui. Croyez-moi, les souffrances de la vie présente n'ont aucune proportion avec la gloire qui sera un jour notre partage. »

Ce bas-relief fait toute la décoration de nos fonts baptismaux. Et pourtant, on ne peut passer devant cette chapelle sans s'arrêter au souvenir des baptisés de Notre-Dame des Victoires.

Les baptisés de Notre-Dame des Victoires! Assurément, la Vierge assiste à tous les baptêmes. C'est son privilège d'Immaculée de présider au sacrement qui purifie. C'est sa revanche de nouvelle Ève de voir Satan confondu, d'entendre les exorcismes de l'Église. « Va, Satan maudit, courbe-toi sous la sentence divine... »

Mais nulle part, dans aucune église du monde, Marie n'est présente, triomphante, miséricordieuse comme à Notre-Dame des Victoires. C'est le sanctuaire de sa puissance et de son cœur. Le baptisé y est deux fois son enfant. Elle est sa marraine et sa mère. Et quels gages de protection maternelle, suppliante et victorieuse, il doit emporter de nos fonts baptismaux !

Nos vieux registres donnent le nombre de ces baptisés de Notre-Dame des Victoires. Ils sont bien là 30 000 [1] qui s'en sont allés, qui s'en vont tous les jours dans la vie, emportant avec le caractère ineffaçable du baptême, *ce nom nouveau* dont parle l'Apocalypse. « Du victorieux, je ferai une colonne dans le temple de mon Dieu, j'écrirai sur lui le nom de mon Dieu et le nom de la cité de Dieu, la nouvelle Jérusalem et *son nom nouveau...* »

Invisible ici-bas, ce nom nouveau resplendira là-haut au front des baptisés de Notre-Dame des Victoires.

La chapelle de Saint-Jean

La chapelle la plus proche des fonts baptismaux est dédiée à saint Jean l'Évangéliste.

Assurément, le fils adoptif de la vierge Marie, l'enfant de sa douleur, avait sa place toute marquée dans le sanctuaire du Cœur Immaculé. Au disciple qui, après le Calvaire, l'avait recueillie dans sa maison, Marie devait bien à son tour l'hospitalité. Il faut convenir qu'il l'a attendue longtemps.

La chapelle de Saint-Jean, primitivement dédiée à sainte Geneviève, garda son vocable après la Révolu-

1. Nos registres ne commencent qu'après la Révolution, quand l'église devint paroissiale.

tion. Les archives de Notre-Dame des Victoires font mention, en 1822, de trois tableaux de différentes grandeurs représentant la patronne de Paris.

Quand, en 1844, M. Desgenettes, après avoir rendu au sanctuaire son âme et son culte, entreprit de restaurer l'édifice, les tableaux avaient disparu et la chapelle était dans un état lamentable. Il fallut renouveler toutes les boiseries et construire un autre autel. Alors, le pieux curé, dans son zèle, donna trois patrons à la chapelle au lieu d'un, et, dans le retable, fit placer trois statues : au milieu, le pape saint Pie V, à gauche saint Charles, à droite sainte Geneviève.

Mais saint Charles était le patron de M. Desgenettes; en outre, les prêtres de Notre-Dame des Victoires avaient grande dévotion au saint évêque de Milan, le zélé réformateur du clergé. Aussi, peu à peu, cette chapelle, vaguement encore appelée chapelle de Sainte-Geneviève ou de Saint-Pie V, garda le vocable de saint Charles. C'est à M. l'abbé Chevojon, que revient l'honneur d'avoir enfin compris les intentions de la sainte Vierge et fait, par un juste retour, du disciple que Jésus aimait, de l'apôtre qui aima la Vierge, l'hôte de son sanctuaire

Tout d'abord, saint Jean ne fut pas le seul titulaire de sa chapelle. Préoccupé de faire, dans son église, une place aux patrons que le pape avait donnés à l'Archiconfrérie, et aussi, sans doute, de la disposition du retable, M. Chevojon partagea les honneurs entre saint Jean l'Évangéliste, saint Jean-Baptiste et sainte Marie-Madeleine ,dont les statues remplacèrent celles de saint Pie V, de saint Charles et de sainte Geneviève. Mais, en 1878, un nouvel autel ayant été substitué à l'ancien, les statues de saint Jean-Baptiste et de sainte Marie-Madeleine disparurent à leur tour, et saint Jean resta seul titulaire de la chapelle. Il n'y avait plus qu'à la rendre digne de son patron, c'est ce que fit à grands frais M. l'abbé Chevojon en l'année 1885, et il faut lui rendre cette justice qu'il a pleinement réussi.

La chapelle de saint Jean, telle que nous la voyons aujourd'hui, est tout simplement une petite merveille, un bijou d'architecture et d'art, de l'art le plus riche, sinon le plus pur.

Rien aux murs que nos ex-voto, toujours si impressionnants. Aux angles, deux larges colonnes de l'ordre corinthien semblent supporter la gracieuse coupole cerclée de bronze doré. Mais, tout de suite, le regard est arrêté, retenu par le retable monumental qui surmonte l'autel.

Dans un cadre renaissance, de la plus jolie composition, il y a là une profusion de marbre et de bronze sur fond de mosaïque aux tons chauds, aux gracieux dessins.

L'autel est tout de marbre avec devant de mosaïque coupé de pilastres en carrare à chapiteaux ioniques. Quatre petits panneaux de mosaïque, deux de chaque côté du tabernacle, forment la partie inférieure du retable. La partie supérieure comprend à droite et à gauche deux autres panneaux coupés, au milieu, de deux motifs en bronze doré représentant une légende et un miracle de la vie de saint Jean. A droite, le serpent qui s'élance de la coupe empoisonnée; à gauche, l'apôtre dans la chaudière d'huile bouillante où Domitien l'a condamné à être plongé, sans dommage, du reste, selon la parole du Maître à saint Pierre qui l'interrogeait sur saint Jean : « Lui, je veux qu'il demeure; toi, suis-moi. »

Ces panneaux sont fermés de chaque côté par de petits pilastres doriques du plus beau carrare, aux reflets de nacre, noués de jolis pendentifs en bronze doré. Au-dessus et de chaque côté, deux anges assis en console présentent les médaillons de M. Desgenettes et de Mgr de Quélen.

Au centre du retable, deux colonnes corinthiennes soutiennent un entablement surmonté d'un fronton triangulaire au-dessous duquel on lit : *Sancte Joannes.* Et, sous un arc intérieur, sur fond de mosaïque semé d'étoiles, se détache la statue en bronze de saint Jean.

Le saint est debout, le regard au ciel, perdu sans doute au sein du mystère de l'adorable Trinité. De la main gauche, il tient un rouleau sur lequel il va écrire tout à l'heure les premiers mots de son sublime Évangile : *In principio erat verbum.* A ses pieds, l'aigle symbolique de ses visions grandioses.

L'ensemble est d'un goût très sûr, d'une harmonie parfaite : on ne manquera pas de l'admirer.

En quittant la chapelle Saint-Jean, pour entrer dans la chapelle de l'Enfant Jésus, on découvre, non sans étonnement, au-dessus du cintre de la travée, dans l'entablement, le tombeau de Lully.

C'est un sarcophage de marbre noir, surmonté du buste en bronze du grand musicien, modelé par Coysevox et accosté de deux pleureurs, sculptés par Cotton, un des meilleurs élèves de Michel Anguier, l'auteur des bas-reliefs de la Porte Saint-Denis. Au-dessous du buste, deux génies : la Musique profane et la Musique sacrée.

De l'autre côté de la travée, sur la paroi opposée, dans la chapelle voisine, un autre buste en marbre blanc complète le mausolée. C'est, dit-on, le portrait authentique de Lully, dû au ciseau de Coysevox et, dit l'inventaire de 1822, « d'un prix inestimable. »

Pourquoi le grand musicien de Louis XIV fut-il enterré à Notre-Dame des Victoires ? Son talent et même sa mort chrétienne ne suffiraient pas à justifier ce choix.

L'explication est toute simple : c'était l'église la plus proche : Lully habitait rue Neuve-des-Petits-Champs, au coin de la rue Sainte-Anne, dans la maison qui porte actuellement le n° 45, maison construite dans le style de la place des Victoires et décorée des attributs de la Musique. Or nous lisons sur le mausolée : Madeleine Lambert (dame Lully), ayant acquis des RR. PP. religieux de cette maison, le 5 mai 1688, cette chapelle et la cave au-dessous, pour sa sépulture et celle de ses descendants, elle a fait dresser ce monument à la mémoire de son époux, comme une marque de son affection et de sa douleur.

« Priez Dieu pour le repos de son âme. »

Citons enfin l'épitaphe imposante, mais religieuse, que la pieuse épouse fit graver sur le tombeau :

« Ici repose Jean-Baptiste de Lully, écuyer, conseiller, secrétaire du roi, maison et couronne de France et de ses finances, surintendant de la musique de la Chambre de Sa Majesté, célèbre par le haut degré de perfection où il a porté les beaux chants et la symphonie, qui lui ont fait mériter la bienveillance de Louis le Grand et les applaudissements de toute l'Europe. Dieu, qui l'avait doué de ces talents par-dessus tous les hommes de son siècle, lui donna pour récompense de ces cantiques inimitables qu'il a composés à sa louange, une patience vraiment chrétienne dans les douleurs aiguës de la maladie, dont il est mort le XXII mars MDCLXXXVII (1687) dans la LIVe année de son âge, après avoir reçu tous les sacrements avec une résignation et une piété édifiantes. »

LE BAPTÊME DE SAINT AUGUSTIN

La chapelle de la Sainte-Enfance

La chapelle de l'Enfant Jésus n'est pas aussi riche que celle de Saint-Jean. Mais elle est plus légère, dégagée des pilastres d'angle qui soutiennent les autres chapelles, et plus gracieuse d'aspect avec ses lambris de chêne où courent des moulures Renaissance.

L'autel, en tombeau, est un peu massif, surmonté d'un statue de l'Enfant Jésus. Mais le retable, avec ses colonnettes blanches cerclées de bronze doré, se détachant sur le marbre rouge, présente un ensemble assez harmonieux. Il est terminé par des modillons d'ordre ionique sur lesquels des anges dorés sont gracieusement assis.

En somme, il est permis de regretter l'ancienne ornementation de cette chapelle : deux palmiers gigantesques en bronze doré encadraient un curieux tableau de la Nativité formant retable : dans la grotte de Bethléem, sur la paille, l'Enfant Jésus adoré par les anges.

Le souci exagéré d'une symétrie coûteuse a fait disparaître ce décor peu banal. Les palmiers, coupés et transplantés, ombragent maintenant, de leurs rameaux noircis, le tableau de la Nativité, transporté dans la chapelle des Catéchismes.

C'est Mgr de Forbin-Janson, fondateur de l'œuvre de la Sainte-Enfance, qui suggéra à M. Desgenettes l'heureuse idée de dédier à l'Enfant Jésus cette chapelle placée, avant la Révolution, sous le vocable de Saint-Martin et, depuis, sous celui de Saint-Charles Borromée.

La chapelle de Notre-Dame des Sept-Douleurs

Notre-Dame des Sept-Douleurs a toujours eu à Notre-Dame des Victoires sa chapelle et son culte.

Le culte, lui, est venu des Petits Pères, fondateurs de l'église, et surtout de la reine Anne d'Autriche, qui avait grande dévotion aux douleurs de la Vierge.

« Déchargée des soins de la régence, cette pieuse reine voulut employer le reste de sa vie à honorer le deuil de la sainte Vierge. Elle résolut donc d'établir une société occupée non seulement à honorer les douleurs de cette divine Mère, mais encore à consoler les affligés, et elle choisit l'église Notre-Dame des Victoires pour en faire le siège de la confrérie [1]. »

Par lettres patentes en date du 20 décembre 1656, Anne d'Autriche fonda cette confrérie qui, le 24 mars de l'année suivante, en la fête de Notre-Dame des Sept-Douleurs, fut érigée solennellement. « L'église fut parée magnifiquement. La reine se rendit ce jour-là à l'église de Notre-Dame des Victoires, accompagnée d'un grand nombre de princesses, duchesses et autres dames de la cour. Après le discours de Pierre Berthier, évêque de Montauban, sur les douleurs de la Vierge et l'établissement de la confrérie, Anne d'Autriche voulut être reçue avec les formalités ordinaires et elle fut admise par le R. P. Victor-de-la-Vierge-Marie en qualité de protectrice et de souveraine régente de la confrérie. Plusieurs dames de sa suite et un grand nombre de personnes de conditions différentes suivirent son exemple [2]. »

La tradition rapporte que la confrérie, — comme

1. *Histoire de Notre-Dame des Victoires*, p. 111.
2. *Gazette de France*, 31 mars 1657.

aujourd'hui l'Union de perpétuelle reconnaissance, — avait son insigne : un cordon de couleur sombre.

Mais la volonté d'une reine et l'éclat d'une fête ne suffisaient point à fonder une confrérie. Les lettres patentes d'Anne d'Autriche ne remplaçaient pas l'érection canonique et la confrérie de Notre-Dame des Sept-Douleurs ne survécut pas à sa royale fondatrice.

C'était une autre confrérie que la Vierge voulait à Notre-Dame des Victoires, une confrérie de son Cœur Immaculé ouvert, non pas aux consolateurs, mais aux pécheurs, comme un refuge.

La chapelle de Notre-Dame des Sept-Douleurs a été maintes fois déplacée au cours des siècles. La première, bâtie en exécution d'un décret du chapitre général des Augustins en 1642, se trouvait dans un des cintres du premier cloître de l'ancienne église. C'est dans cette chapelle qu'Anne d'Autriche assistait aux solennités de Notre-Dame des Sept-Douleurs.

Dans la nouvelle église, une autre chapelle fut érigée là où se trouve aujourd'hui la chapelle des Catéchismes.

Après la Révolution, cette chapelle devint celle de Saint-Augustin. En 1844, M. Desgenettes, qui avait pris Notre-Dame des Sept-Douleurs pour la patronne de son Archiconfrérie, voulut lui consacrer une des chapelles de son église; il choisit la troisième, du bas côté droit, il y fit placer une *Mater addolorata* devant laquelle, pendant trente-deux ans, les fidèles vinrent prier avec grande dévotion.

Enfin, M. Chevojon, ayant cru devoir réserver au Sacré-Cœur la chapelle de Notre-Dame des Sept-Douleurs, la transporta où elle se trouve maintenant dans l'ancienne chapelle de Saint-Jean-Baptiste, restée sans autel et sans vocable depuis la Révolution. Souvenir émouvant : c'est dans cette chapelle que M. Desgenettes avait placé son confessionnal, vrai refuge des pécheurs auxquels la Vierge avait dit, comme Jésus au lépreux, après l'avoir touché: « Va, montre-toi au prêtre! »

Cette chapelle devait être très belle. Les pilastres de marbre rouge à rayures blanches qui encadrent encore l'autel, laissent deviner une ornementation splendide. L'autel actuel a été placé en 1876 par les soins de M. Chevojon, il est en marbre blanc avec incrustations en couleurs et enrichi d'ornements en bronze doré. Le retable est en pierre de Caen décorée de laves émaillées. Audessus de la corniche, deux anges tiennent les instruments de la Passion. Le bas-relief qui occupe le milieu du retable est du statuaire Charles Gautier; il représente comme l'ancien tableau de la *Mater addolorata,* le corps de Jésus descendu de la croix et reçu par sa Mère.

La chapelle Saint-Augustin

La Chapelle de Saint-Augustin, qui fait face à celle de la Vierge, occupe tout le transept de gauche .On y accède par une petite voûte, obscure naturellement, et c'est grand dommage, car les ex-voto les plus touchants de notre sanctuaire semblent s'être donné rendez-vous là, comme une escorte d'honneur au grand saint qui fut converti par sa mère.

Les *Annales* de Notre-Dame des Victoires ont pieusement conservé l'histoire, toujours émouvante, de quelques-uns de ces marbres. Voici, par exemple, celle du n° 3554, placé à droite en sortant de la chapelle des Sept-Douleurs.

A Marie
Un jeune prêtre reconnaissant
26 mai 1866.

Ce prêtre était un converti de Notre-Dame des Victoires. Depuis des mois, il résistait à sa vocation, demandant au plaisir ses diversions coupables, s'efforçant, au bruit des fêtes, de ne plus entendre l'appel de Dieu. Mais il n'éprouvait qu'ennui et dégoût.

Un jour, passant sur la place des Petits-Pères, un mouvement irrésistible le pousse vers notre sanctuaire, Il entre... « A la vue de cette foule recueillie et agenouillée. en présence de ces hommes, de ces femmes, de ces enfants priant avec tous les sentiments de l'amour et de la confiance, je sentis des larmes mouiller mes yeux et je tombai à genoux. Alors, tout mon coupable passé se dressa devant moi, avec ses doutes, ses fautes, ses désordres. J en eus frayeur et je pleurai. Avant de sortir de la chapelle, je fis à Marie la promesse de changer de conduite et de lui consacrer un ex-voto si jamais Dieu me faisait la grâce de monter au saint autel. Comment cela se fit-il? Je n'en sais rien. Je ne voulais pas être prêtre et voici que je venais de demander cette grâce dont j'étais indigne! »

Le 26 mai 1866, ce prêtre disait sa première messe.

Un peu plus loin, toujours à droite, un autre marbre porte l'inscription suivante :

CONVERTI PAR L'INTERCESSION DE LA
TRÈS SAINTE VIERGE,
LE 25 JANVIER 1863,
JOUR DE LA CONVERSION DE SAINT PAUL
ET DE LA FÊTE DE L'ARCHICONFRÉRIE,
DONT LES MEMBRES ONT BEAUCOUP PRIÉ POUR MOI
JE RENDS GRACE A DIEU
ET LUI DEMANDE REPENTIR ET MISÉRICORDE.

A. S.

Sous ce titre : *Histoire d'un Trappiste*, les *Annales* de juin 1863 racontent longuement l'histoire de cette conversion. Pendant plus de vingt ans, M. X... avait abandonné toute pratique religieuse et cédé à tous les entraînements des passions. Mais il avait conservé une médaille miraculeuse, don de sa mère et souvenir du passé. De plus, sa sœur, carmélite, ne cessait de prier pour cette âme si chère, et la recommandait souvent aux prières de l'Archiconfrérie.

Le 25 janvier 1863, vers 9 h. 30 du soir, au moment précis où se terminait l'exercice de l'Archiconfrérie, pendant lequel on avait encore prié pour lui, M. X. sortait de chez un ami quand, au seuil même de la maison, une voix, l'appelant deux fois par son nom, lui criait : « La miséricorde de Dieu est sur toi. » — « C'était la voix de ma sœur », écrivait plus tard le converti. Pendant huit jours, M. X. lutte encore contre cette miséricorde. Vaincu enfin, le dimanche suivant, il entra dans une église. Or, cette église était affiliée à l'Archiconfrérie. A ce moment même, les associés récitaient une dizaine de chapelet pour la conversion des pécheurs, et le directeur de la confrérie, s'arrêtant un instant selon la coutume, prononça à haute voix ces paroles : « Nous allons dire cet *Ave Maria* pour le pécheur le plus près de sa conversion, et que la grâce de Dieu aurait conduit dans cette église. »

« Ce pécheur, c'est moi », se dit aussitôt M. X. Et, tombant à genoux, il promettait à Dieu de se convertir sincèrement. Une retraite de huit jours acheva l'œuvre de cette conversion et, le 27 mars, après avoir communié à l'autel de l'Archiconfrérie, M. X. allait s'enfermer à la Trappe.

Dix-huit ans plus tard, aux premiers jours de février

1881, un trappiste à cheveux blancs célébrait le saint sacrifice à l'autel de la Vierge et demandait à voir l'ex-voto 2260. Le vénéré sous-directeur de l'Archiconfrérie, M. Dumax, conduisit le trappiste sous la petite voûte de Saint-Augustin : « Le voilà », dit-il. Avec une attention recueillie jusque dans l'au-delà du souvenir, le religieux lut l'inscription : « C'est bien cela, » et levant un regard ému vers le ciel, il serra les deux mains tendues vers lui et s'éloigna.

Au sortir de la voûte, trois marches donnent accès à la chapelle de Saint-Augustin. Sur les piliers qui forment la croisée du transept, deux inscriptions encadrées de marbre rouge attirent d'abord les regards. La première, à gauche, reproduit la dédicace que le roi Louis XIII fit composer en 1629 pour la première pierre de l'église, dont nous avons parlé précédemment. L'inscription est en latin; mais quelques lignes en français la résument :

L'inscription qui précède
Fut gravée, lors de la fondation de l'église,
Sur la première pierre que posa Louis XIII,
Le 9 décembre 1629, deuxième dimanche
de l'avent,
En présence de Mgr Jean-François de Gondy,
archevêque de Paris
Et des religieux
Du couvent des PP. Augustins déchaussés
Qui devaient desservir l'église

La deuxième inscription, sur le pilier de droite, est une notice du sanctuaire, résumée aussi en français pour le commun des lecteurs :

CETTE ÉGLISE DÉDIÉE A NOTRE-DAME DES VICTOIRES,
FUT FONDÉE EN 1629, PAR LOUIS XIII,
EN ACTION DE GRACE DE LA PRISE DE LA ROCHELLE.
CONSIDÉRABLEMENT AGRANDIE PLUS TARD,
ELLE FUT CONSACRÉE, LE 13 NOVEMBRE 1740,
PAR MGR HYACINTHE LEBLANC, ÉVÊQUE DE JOPPÉ,
MGR CHARLES DE VINTIMILLE ÉTANT ARCHEVÊQUE
DE PARIS.
PROFANÉE EN DES TEMPS MALHEUREUX,
ELLE FUT RÉCONCILIÉE EN 1810,
PAR MGR JEAN-BAPTISTE DE CHABOT, ANCIEN ÉVÊQUE
DE MENDE.
ELLE DEVINT EN 1836 BERCEAU DE L'ARCHICONFRÉRIE
DU TRÈS SAINT ET IMMACULÉ CŒUR DE MARIE
POUR LA CONVERSION DES PÉCHEURS.

La disposition de la chapelle Saint-Augustin est la même que celle de la Vierge ; deux grands tableaux encadrent l'autel : le premier est une Immaculée Conception dans la gloire du ciel. La Vierge, vêtue de blanc, enveloppée d'une lumière éblouissante, joint les mains dans l'extase de son *Magnificat*. Autour d'elle, des anges contemplent, ravis, leur Reine. Au-dessous, les deux archanges saint Michel et saint Gabriel, offrent à l'Immaculée : l'un, le sceptre et la couronne ; l'autre le lis de Nazareth.

Le tableau de droite représente la proclamation du dogme de l'Immaculée Conception. Debout sur son trône, dans la basilique vaticane, Pie IX, les yeux levés au ciel, les bras étendus, promulgue le décret du 8 décembre 1854. Les cardinaux Antonnelli et Patruzzi se tiennent à droite et à gauche du pape ; et, à genoux, des évêques représentent l'Église catholique tout entière.

De l'avis de tous ceux qui l'ont connu, Pie IX est très ressemblant. C'est bien l'attitude sublime, le regard inspiré qui frappèrent les spectateurs d'une admiration émue.

Entre ces deux tableaux, au-dessus de l'autel, un magnifique vitrail, aux tons riches et chauds, rappelle encore l'histoire de notre sanctuaire.

Il est composé de trois panneaux. Le premier, beaucoup plus grand représente Louis XIII consacrant la France à Notre-Dame des Victoires. Le roi, à genoux, revêtu du manteau fleurdelisé, offre à Marie son sceptre et sa couronne. A côté de lui, saint Louis, son aïeul et son patron; en face, Anne d'Autriche, à genoux sous l'égide de sainte Anne, s'unit à l'acte solennel de Louis XIII.

Les deux autres panneaux se rapportent à deux faits connexes à la naissance de Louis XIV. A droite, un religieux en prière, le F. Fiacre et sa fameuse vision : la Vierge lui montrant le dauphin accordé à ses prières. Sur le panneau de gauche, le cardinal de La Rochefoucauld vient féliciter la reine de sa maternité. Ce beau vitrail est un don du duc de La Rochefoucauld dont il porte les armes, accolées à celles des Polignac.

L'autel, retiré de la chapelle de la Sainte-Vierge en 1863, est encadré de deux colonnes ioniques qui supportent un fronton triangulaire. Avant la Révolution, on voyait au-dessus de la corniche les quatre Évangélistes, peints par Robbin, peintre du roi [1]. La statue de saint Augustin occupe tout le retable creusé en berceau. C'est une statue en pierre qui remplace, hélas ! le chef-d'œuvre de marbre exécuté par Pigalle.

La dévotion à saint Augustin est grande à Notre-Dame des Victoires, et c'est justice. Il est le patron des

1. *Guide dans Paris*, 1787.

religieux qui bâtirent cette église. Il est, dans le sanctuaire du Cœur Immaculé de Marie, Refuge des pécheurs, le plus illustre des convertis. Et c'est assurément par un dessein mystérieux de la Providence que la statue de saint Augustin se trouve aujourd'hui placée en face de celle de la Vierge, comme pour dire au pécheur : « Va sans crainte! Le fils de tant de larmes ne saurait périr ! »

La chapelle des Catéchismes

Après avoir admiré la chapelle de Saint-Augustin, ses deux tableaux de Pascalini, son curieux vitrail, et aussi les tribunes à balcon, pratiquées dans les deux faces latérales du transept, on remarque à droite de l'autel, un kiosque sans prétention artistique. C'est de là que s'en vont, tout le jour, à l'autel de la Vierge, messagers de la prière, de l'angoisse ou de la reconnaissance, les cierges offerts par les pèlerins. Beaucoup tiennent à les porter eux-mêmes. D'autres les confient aux soins empressés et pieux des quatre employées préposées à l'alimentation de ce buisson ardent qui donne à l'autel de l'Archiconfrérie l'aspect d'un mont Horeb où la Divinité va, d'un moment à l'autre, se manifester.

Que l'on gravisse ensuite trois marches, que l'on pousse une porte, puis une autre; et l'on se trouve au bureau des recommandations .

Ah! ce bureau des recommandations, quel monde de souvenirs il évoque! Quelle merveilleuse histoire il nous raconterait s'il pouvait parler. C'est là que, depuis bientôt un siècle, toutes les détresses et toutes les joies, toutes les craintes et toutes les espérances des amis du Cœur Immaculé sont venues s'inscrire. Et le défilé lamentable ou reconnaissant continue, s'acccroît tous les jours. Chaque semaine accuse un total de 20 à 30 000 recommandations apportées ou envoyées de tous les pays du monde. Rien de curieux comme la manière dont elles sont faites. Il y a les recommandations en confidence, j'allais dire en confession, faites, la tête baissée, entrée dans le guichet étroit. Il y a les recommandations jetées en passant comme un mot d'ordre, par les hommes surtout, il y a les recommandations impératives, exigeantes, interminables.

Le bureau des recommandations est aussi celui des messes, demandées en grand nombre; et la tâche n'est pas facile, de faire comprendre aux demandeurs qu'on ne peut leur fixer un jour, ni une heure, chacun ne voyant que son intention toujours pressante, et disposant à son profit, comme de sa propriété, de l'autel de l'Archiconfrérie.

Et ce n'est pas tout; on trouve encore là les renseignements pour l'érection et l'affiliation des confréries, avec images, notices, manuels, archives, etc. Toute une petite librairie du Cœur Immaculé, dont les *Annales* donnent chaque mois le catalogue. Des registres d'inscriptions pour les scapulaires du Mont Carmel et de l'Immaculée Conception sont là aussi, ouverts au public.

A ce bureau étaient faites, autrefois, les inscriptions dans l'Archiconfrérie. Mais, depuis qu'une Union de reconnaissance à Marie Immaculée a été érigée dans notre sanctuaire, à la demande de M. le curé de Notre-Dame des Victoires, par S. Em. le cardinal Richard, les deux inscriptions sont reçues en face, avec la même gravité, le même dévouement.

Deux pas plus loin, sur la droite, un troisième bureau, celui de M. le sous-directeur, où arrive le courrier de l'Archiconfrérie, où se font les affiliations, où s'inscrivent les pèlerinages. Que de souvenirs là encore! Illustres, avec S. Em. le cardinal Couillé, archevêque de Lyon; pieux, zélés, avec M. l'abbé Dumax, l'âme de l'Archiconfrérie, pendant de si longues années.

Au bout du couloir de l'Archiconfrérie se trouve la chapelle des Catéchismes, anciennement dédiée à saint Augustin. C'est une salle carrée, sans style, tapissée, comme l'église, d'ex-voto. A droite, une communion de la Vierge par saint Jean, excellente peinture de Lafon, mais mal éclairée. L'autel est quelconque, mais nous retrouvons, en retable, encadré de ses deux palmiers, le tableau transporté de la Sainte-Enfance. C'est une adoration de l'Enfant Jésus par les anges, dans l'étable. Cette peinture, d'un bon dessin, est très curieuse, on la prendrait au premier abord, pour celle d'un maître très ancien, pour un Luini peut-être, à cause du sujet, et de la lumière. Elle est tout simplement signée d'Alcan, un peintre très moderne, qui visiblement s'est inspiré du Corrège.

Mais le véritable intérêt de cette chapelle, c'est son titre. Dans toute église, la chapelle des catéchismes est chère au Christ parce que c'est là qu'on laisse, mieux que jamais, venir à lui les petits enfants. Elle est chère aux prêtres, aux fidèles; c'est le champ des âmes, des âmes des enfants, qu'il fait si bon, qu'il est si nécessaire d'ensemencer. Mais ici, combien plus douce, plus féconde est la semence tombée des mains de la Vierge Immaculée! Combien plus chères au Christ et à ses prêtres ces âmes des catéchumènes de Notre-Dame des Victoires! Quelles grâces, quelles promesses de moissons!

Et on dirait qu'elles s'en doutent, ces petites âmes, à voir comment, dans leur chapelle des catéchismes, elles écoutent, elles prient, elles chantent, elles se préparent à leur première communion!

La Sacristie

La sacristie est de l'autre côté du chœur. On y entre par une sorte de vestibule sur lequel ouvrent le bureau de M. le curé et celui de M. le second vicaire. Le principal objet qui fixe l'attention dès l'abord, c'est un superbe Christ en ivoire, d'un seul morceau, qui mesure près d'un mètre de haut. Très admiré des connaisseurs pour l'harmonieux réalisme de son anatomie et l'infinie douceur du visage, c'est évidemment l'œuvre d'un maître du XVIIIe siècle, non moins remarquable que celles dont s'enorgueillissent les collections les plus célèbres. Sur les murs, des deux côtés du crucifix on lisait autrefois des sentences recueillies par M. Desgenettes, dans les Pères de l'Église. Elles ont disparu, et cela est très regrettable. *Sacerdos, attende...* « Penses-y bien, ô prêtre, tout à l'heure, Jésus-Christ, le Sauveur, le Juge suprême sera présent entre tes mains. Avec quelle religion, avec quel sentiment d'adoration, de respect, d'amour, tu dois offrir le saint sacrifice... *Hæc attende!* »

Des tableaux couvrent maintenant les murs au-dessus des boiseries, portraits des deux papes de l'Archiconfrérie : Grégoire XVI et Pie IX, et des différents curés de Notre-Dame des Victoires; portraits de M. Desgenettes, dus l'un à Court, l'autre à Claudius Lavergne. Le premier a été fait de mémoire; pour le second, le peintre, lié d'amitié avec le saint fondateur de l'Archiconfrérie, avait obtenu à grand'peine quelques poses. De là cette toile aux traits puissants et si riche en couleur, que le fils du grand artiste a bien voulu donner à notre église.

Le grand panneau de gauche, face aux fenêtres, est

presque tout entier rempli par une grande inscription en lettres d'or sur fond bleu. Elle est en latin, composée par Mgr Lacroix et rappelle très heureusement les grandes dates de l'Archiconfrérie.

Au-dessous, sur la boiserie même, se détache une statue de saint Pie V. Elle est en marbre blanc et d'une très belle exécution, donnée par Mme la comtesse de Jurieu à M. Desgenettes.

L'intérêt de cette sacristie n'est pas dans ces objets, ni dans ses souvenirs, si pieux qu'ils soient. Il est dans la dévotion de tous ces prêtres qui, depuis 1836, de tous les pays du monde catholique, sont passés là, apportant au Cœur Immaculé les prémices ou la couronne de leur sacerdoce, les angoisses et aussi les joies de leur ministère.

Dans le gros registre toujours ouvert, où chaque prêtre qui offre le saint sacrifice à Notre-Dame des Victoires, doit écrire son nom, sa fonction, son diocèse, les noms les plus obscurs se trouvent confondus avec les plus retentissants, toute la hiérarchie sacerdotale en ses fonctions les plus diverses; l'humble vicaire de campagne avec le curé de la grande ville. Très démocratique ce registre, très apostolique surtout, car les noms des missionnaires y abondent, et ceux des Missions étrangères, et ceux du Saint-Esprit. Pas un ne part sans venir recommander son redoutable ministère à la protection de Notre-Dame des Victoires.

Bien plus, tous nos missionnaires viennent encore, avant leur départ, assister à un exercice de l'Archiconfrérie du dimanche soir et signent en page spéciale de ce registre leur dernière consécration.

Nos archives comptent bien une vingtaine de ces registres, remplis des noms de nos pèlerins prêtres. C'est dire assez leur affluence. La statistique générale, pour une année, accuse une moyenne de 5 450 prêtres étrangers, environ 15 par jour.

Il y a en outre un album, qui est réservé aux évêques : c'est notre livre d'or. Les illustres pèlerins qui s'y inscrivent se plaisent parfois à faire précéder leur signature d'une invocation pieuse, d'un appel suppliant, d'une protestation de confiance ou de dévouement, par où s'affirme, en langages divers, l'unité de la foi catholique. Il n'est pas donné à tout le monde cependant de recueillir tous ces témoignages : car certains sont écrits en lettres arabes, d'autres en caractères cunéiformes. Syriens et Chaldéens ont voulu apporter à Notre-Dame des Victoires l'hommage des prestigieuses cités orientales : Damas, Mossoul, Babylone...Ce n'est pas l'Orient seulement, c'est le monde exotique tout entier qui surgit, comme en un kaléidoscope, à mesure que l'on tourne les feuillets du Livre d'or, La Mandchourie, Canton, le Houpé, le Honan, le Tché-Kiang, le Tché-ly, le Kiang-si, le Chen-si, évoquent la Chine mystérieuse et cruelle, avec ses horizons de verdure et de pagodes et ses hommes jaunes, fermés et méfiants. Colombo, le Mysore! Devant nous s'étend la jungle impénétrable, et passent, dans leur grâce indolente et féline, des Indous cuivrés.

A ces visions du vieux monde s'entremêlent, plus nombreuses, et pour cause, celles du nouveau, que les peuples latins ont, dès la conquête, gagné au christianisme : le Brésil et le Venezuela, le Guatemala et Haïti, la Nouvelle-Orléans, Cincinnati, Brooklyn, le Mexique, le Canada et ses multiples stations entraînent l'imagination, de la pampa démesurée du Sud aux immenses savanes du Nord, parmi l'activité formidable des cités nord-américaines et les magnificences des solitudes vierges.

Cependant, la magie des mots évocateurs a tôt fait

de nous transporter encore « dans les ténèbres de l'Afrique », au cœur de la forêt fascinante et périlleuse : Congo, Oubanghi; ou sur les rives éblouissantes de l'Afrique coloniale : trappe de Staouéli; ou bien plus loin encore, très loin, toujours plus loin, aux antipodes de la France et de Notre-Dame des Victoires, en Nouvelle-Zélande, Nouvelle-Calédonie, aux îles Fidji.

C'est l'Europe, malgré tout, qui tient la plus grande place dans ce livre d'or mondial, et les terres de la beauté classique, Grèce et Italie, croisent aux pieds de Notre-Dame des Victoires l'or ardent de leurs rayons avec l'étrange et émouvante lueur du soleil de Norvège et du pôle.

Notre France, elle, a la meilleure part, et si, dans cette géographie de la Vierge, on figurait l'apport de l'étranger par l'unité, il faudrait sans doute la doubler, pour représenter la quotité française.

La France poursuit dans le monde entier, suivant la tradition séculaire, le travail apostolique de l'évangélisation. Ses missions sont prospères et il n'est personne qui puisse ignorer le nom de ses missionnaires : le cardinal Lavigerie, Mgr Augouard, Mgr Le Roy.

Ces noms brillent à notre livre d'or, comme d'ailleurs les noms de ceux qui, dans la mère-patrie, paissent les agneaux et les brebis du Maître : les cardinaux de Bonnechose, Guibert, Meignan, Langénieux, Foulon, Richard, Lecot, Mathieu, Coullié, Luçon, Amette, de Cabrières, Dubois; et les recteurs qui se sont succédé à l'Institut catholique de Paris : Mgr d'Hulst, Mgr Péchenard, Mgr Baudrillart; les abbés des grands monastères, cisterciens ou bénédictins; nos archevêques de Paris; enfin les évêques de France dont la signature, omettant le nom patronymique, laisse à deviner et à désirer quelque chose à notre légitime curiosité filiale.

SAINT AUGUSTIN PRÊCHANT DEVANT SON ÉVÊQUE VALÈRE

Certaines pages ont, pour les associés de l'Archiconfrérie, l'intérêt qui s'attachait autrefois dans les familles au « livre de raison ». En 1886, grandes fêtes pour les noces d'or de la confrérie vouée au Cœur Immaculé. Le 3 décembre, à l'autel où, cinquante ans auparavant, M. Desgenettes avait reçu l'inspiration consolatrice de la Vierge, Mgr Richard, archevêque de Paris célèbre la messe. S. Exc. le Nonce apostolique préside l'office de 4 heures et Mgr d'Hulst celui du soir. Le 11 décembre, la première réunion des associés est commémorée le matin par Mgr Soulé, ancien évêque de la Réunion, le soir, par le R. P. Le Doré, supérieur général des Eudistes. Le 16 décembre, Mgr Coullié, évêque d'Orléans, dit la sainte messe, en mémoire de l'érection canonique de la confrérie.

Le 24 avril 1888, autre cinquantenaire, celui de l'association actuelle, érigée en Archiconfrérie pour le monde entier, le 24 avril 1838. Et les cérémonies se déroulent dans l'ordre adopté deux ans plus tôt : Mgr l'archevêque de Paris officie le matin; S. Exc. le Nonce apostolique, Mgr Rotelli, préside l'exercice de 4 heures, et M. l'abbé Le Rebours, curé de la Madeleine, la réunion du soir.

Ces souvenirs sont chers au cœur de tous les associés et de tous ceux qui s'intéressent à l'histoire de notre Archiconfrérie.

CHAPITRE V

Une journée de quête à Notre-Dame des Victoires.

A quelque moment que l'on entre à Notre-Dame des Victoires, on a l'occasion de subvenir à quelque infortune et de souligner sa prière d'un acte de charité. C'est tantôt en faveur des missions que l'on est sollicité, et tantôt en faveur d'un hôpital, parfois en faveur d'un ouvroir, ou encore pour un orphelinat, une école apostolique, une maison de retraite, une œuvre de jeunesse. La bourse est tenue, près de la porte, par une religieuse ou par une dame patronnesse, par une orpheline ou par une enfant aveugle, par un directeur d'œuvre ou par un confrère de patronage. Un jeune avocat qui s'était dévoué un jour à cette tâche, consigna ses impressions dans le *Bulletin* de l'œuvre à laquelle il s'intéressait. Il a paru difficile de mieux faire, et c'est de ses notes qu'est composé le présent chapitre, sans que rien y ait été changé, pas même les traits qui situent manifestement cette journée au temps de la guerre et lui donnent un aspect un peu particulier, mais n'empêcheront pas le lecteur averti de se représenter la physionomie actuelle de notre église.

Sept heures et demie du matin. — Le sanctuaire déborde déjà. C'est l'heure des petites gens principalement.

Touchânte assemblée chrétienne! Il y a là d'humbles ouvrières qui dans un instant se hâteront vers l'atelier, des femmes du peuple avec leurs marmots au bras, de petites bonnes entrées en courant, avec leurs paniers et même leurs bidons de lait, des habitants du quartier fidèles à la messe quotidienne, et aussi des hommes, ouvriers ou messieurs, qui prient et communient avant de reprendre le poids du jour. Les messes se succèdent sans interruption, et la communion, on peut le dire, est permanente, les ciboires succédant aux ciboires pour apaiser la faim eucharistique de ces âmes. Autour de la Vierge, au-dessus d'Elle, à ses pieds, les flammes pétillent, cierges ou veilleuses allumés par la supplication, la reconnaissance ou la résignation douloureuse. C'est bien le triple sentiment qui jaillit de ces âmes : elles implorent, elles remercient ou elles se courbent sous la main de Dieu.

Sou par sou, dans le silence recueilli de l'église, on entend tomber l'obole de la veuve; c'est l'heure des pauvres. — *Pour les pauvres enfants de Ménilmontant*, murmurent infatigables les dames quêteuses. — Tiens! Qu'est cela? A la dérobée, d'un geste habile et preste, une femme en passant, cachée derrière son grand voile noir, a laissé tomber deux louis. Inspiration subite du ciel, aumône généreuse qui doit continuer une prière ardente! Merci Madame, chrétienne inconnue qui vous dérobez déjà dans la foule! Merci pour tout le bonheur que ces deux pièces d'or allumeront sous mille formes, dans les yeux de nos chers enfants.

*
* *

Neuf heures. — Le ton se hausse. Les banques vont ouvrir, les ateliers des grands couturiers, les maisons de commerce. L'ouvrier fait place au gros employé; le petit trottin aux premières des grandes maisons. L'élégance apparaît, celles qui entrent sont presque des duchesses. Parmi les clients de la Vierge, voici des uniformes de soldats qui se montrent : officiers en convalescence prêts à repartir sur le front, accourant remercier la Vierge protectrice ou faire bénir leur épée. Les lustres s'allument, l'orgue prélude, c'est la messe de l'Archiconfrérie dite par M. le curé. La communion y est interminable et c'est un spectacle émotionnant que celui de ces hommes, hier si fiers sous la mitraille, aujourd'hui si humbles au pied de Dieu. Mon colonel, vous m'avez tiré les larmes des yeux quand je vous ai vu vous avancer vers la table sainte, le bras en écharpe, le front bandé et les traits pâlis, accompagné de vos quatre amours d'enfants dont le plus jeune pour sûr avait tout juste l'âge requis.

La messe s'achève et la foule s'éloigne. C'est l'instant que guêtent les quêteuses pour se faire plus importunes : « *Pour les patronnés de Dom Bosco, de Ménilmontant, s'il vous plaît!* » Et les sous de tomber, et les recommandations de pleuvoir. « Mon fils qui est à l'armée. — Ma fille, carmélite, en pays occupé. — Ma mère dont je n'ai plus de nouvelles depuis sept mois. — Mon enfant porté comme disparu. — Faites prier vos petits pour le retour à Dieu de mon mari. — Mes deux fils morts pour le pays aux Éparges, murmure une pauvre maman dans un sanglot étouffé. »

Lamentable défilé des plus tristes misères humaines, celles qui broient le cœur! Et que de voiles noirs dans cette foule qui s'écoule, que de voiles noirs sur des fronts trop jeunes!

*
* *

Onze heures. — L'heure du monde chic, l'heure des riches, des heureux de la terre... Des heureux de la terre? Mais y en a-t-il encore? La douleur, la mort n'ont-elles pas frappé à tous les seuils? Hélas! Et ces cœurs de nobles, de riches, d'heureux, affinés par l'éducation, par l'art, par l'usage de tout ce qui embellit l'existence n'ont-ils pas été peut-être plus violemment meurtris? En tout cas les voici, à leur heure, aux pieds de la Vierge compatissante, répandant eux aussi leurs prières et leurs larmes. Dehors, la place se garnit d'autos, et les chauffeurs s'accotent à leur moteur pour lire le journal; dedans, un sillage de parfums, la qualité des fleurs que le sacristain dispose au pied de l'autel, et la grosseur des cierges qui commencent à brûler décèlent la condition des nouveaux clients de la Vierge. Au fond de l'église et sur les côtés les quêteuses, d'un geste qui devient mécanique, secouent le contenu de leurs aumônières pour attirer l'attention de la charité.

Pour les patronnés de Ménilmontant, s'il vous plaît. — Merci mon commandant : Dieu vous le rende! — Demandez-Lui qu'Il me rende aussi la santé pour que je rejoigne les camarades.

— Blessé mon commandant?

— Oui, au ventre, entre Arras et Béthune. Une automobile qui passait m'a préservé de la péritonite et de la mort. Mais j'ai hâte d'en finir avec cette convalescence et de revoir mes poilus.

— On priera pour vous mon commandant.

***

Midi, midi et demie, une heure. — Un flot papillonnant de jeunesse, un tourbillon de toilettes sobres mais marquées au coin de ce chic parisien qui de rien sait faire quelque chose de gracieux : ce sont les midinettes qui s'engouffrent par toutes les portes. Elles sortent de leurs ateliers pour leur déjeuner ou elles y rentrent après l'avoir pris dans quelque modique restaurant du centre. Ça paraît évaporé en entrant, ça chuchote, ça sourit même un brin; mais voyez-les : les voici en face de la statue miraculeuse. La pensée qui les a amenées là les rend graves, elles s'agenouillent, elles prient de tout leur cœur ému de filles, de sœurs, de fiancées. Leur imagination, qu'elles ont rapide, s'envole jusqu'au front des armées pour les voir tous, les appeler par leurs noms, aux pieds de cette Mère douloureuse qui est toute puissance et toute bonté! De temps à autre voici un front qui se cache dans des mains pour dissimuler des larmes. Halte bénie du cœur entre deux séances pénibles d'atelier! Fidélité du souvenir chrétien qui a promis! Et sur leur modeste budget elles prélèvent le cierge de deux sous qui continuera leur prière; et toutes, toutes, dans un instant, au seuil du temple, devant la prière du besoin, instinctivement, du geste généreux de la Parisienne, elles porteront la main à leur sac pour en tirer une obole. Charité du pauvre à un plus pauvre qui fait sourire les Anges de Dieu!

*
* *

Deux heures. — Du monde très mêlé : de grandes dames, des patriciennes, quelques passants curieux, des promeneurs qui flânent, des hommes du monde, des officiers, des journalistes. L'heure est pesante, l'atmosphère de l'église, surchauffée par ces buissons de cierges, s'embrase; mais le sanctuaire ne se dégarnit pas. C'est un va-et-vient perpétuel; on entre, on sort. Une trouée se fait ici, mais là un vide se comble. Et la prière est incessante. On dirait Lourdes transporté sur la rive droite, me disait un ami. Oh! cette prière du peuple parisien qu'elle est éloquente! Je revois encore ces corps de femmes tout tendus dans le balbutiement de la prière, ces âmes toutes ramassées dans la supplication du regard. Qu'apportent-elles aux pieds de la Vierge? Une angoisse à apaiser, une douleur à consoler, une vie à recommander, une gratitude à exprimer? Je ne sais... Mais quelle ferveur d'accent sur ces visages! Et ces hommes! Je les retrouve encore dans leur attitude, beaux, forts, droits, la tête penchée sur leur poitrine et les bras croisés au-dessous, ou encore le front caché dans la main droite que soutient le bras gauche, ou encore, tout simplement, comme la dernière des femmes du peuple, agenouillés, la tête reposant sur les mains croisées, les paupières closes.

Et au-dessus de toutes ces misères la Vierge compatissante sourit dans la pureté de son marbre en présentant son Fils Jésus source de tout espoir et de toutes bénédictions. Le silence de cette prière unanime n'est troublé que par le cri d'une chaise que l'on remue, le bruit étouffé des pas, le changement de place des gens qui se confessent, et par la voix dolente du prêtre qui tend la main dans une prière incessante, et insistante, elle aussi : « Pour les petits chrétiens de Ménilmontant! Pour les patronnés de dom Bosco de Ménilmontant! »

Un monsieur passe, un vieillard très droit encore, barbe à l'impériale, tache rouge à la boutonnière, attitude militaire et il dépose son offrande. — Merci mon général!

— Vous me connaissez donc?

— Ah! mon général, qui ne vous connaît pas dans le monde du dévouement et de l'action chrétienne, à Paris?

*
* *

Quatre heures. — Le fond sombre des habits se tache de notes colorées : les capotes de l'armée française apparaissent, capotes minées, râpées, sur lesquelles en dépit des lessives les graisses s'obstinent, mais capotes glorieuses car elles recouvrent les membres de nos soldats blessés. Un hasard de promenade ou bien une promesse à tenir les a fait entrer avec leur première sortie de convalescents. Pitoyable défilé! Les uns marchent à l'aide de béquilles, d'autres assurent leurs pas hésitants sur un bâton, ceux-ci s'avancent soutenus par un bras charitable, ceux-là ont un front, un bras bandés, et sur plusieurs capotes, hélas! la manche retombe complètement vide. Par respect et par charité on leur avance les premiers prie-Dieu, et agenouillés ils murmurent leur prière d'actions de grâces. Elle ne s'attarde pas cette prière, mais comme elle doit en valoir d'autres!

Quand ils repassent ce n'est que timidement que la main se tend vers eux, et que la voix murmure : « *Pour le Patronage Saint-Pierre de Ménilmontant, s'il vous plaît!* »

Magie de ces syllabes! Voici qu'un petit chasseur s'arrête, passe la canne qui l'aidait sous son bras gauche et cherche son porte-monnaie. Sans hésiter c'est une pièce blanche qu'il prend et laisse tomber.

— Mais non, mais non, mon ami.

— Laissez, laissez, Monsieur l'abbé. Je suis un enfant des patronages, je sais ce que c'est.

Et dans cette protestation il y avait comme le souvenir de toutes les meilleures années de jeunesse, le souvenir de l'époque où pas plus haut que ça — il jouait au soldat dans la cour du patronage et apprenait à aimer Dieu et sa Patrie. Sois béni, petit soldat de France, glorieux blessé d'une de nos batailles, pour ce geste fraternel reconnaissant!

*
* *

Cinq heures. — Du monde bizarre se mêle à la foule des fidèles. Toilettes tapageuses et hardies, parfums violents, maquillages laborieux. Comment! Elles aussi? — Pourquoi pas? Ne les a-t-on pas vues traverser l'Évangile? N'ont-elles pas fourni au Sauveur, pour cingler l'hypocrisie des pharisiens, un point cruel de comparaison? Et certaines ne se sont-elles pas relevées purifiées? Admirable attirance de ce sanctuaire qui parfois, sur deux prie-Dieu voisins, voit s'agenouiller l'innocence et le péché, Marie et Magdeleine! Pourquoi sont-elles entrées? Les unes le savent, d'autres l'ignorent : elles passaient devant, elles ont poussé la porte, voilà... Oh! ces drôles de génuflexions qu'elles esquissent!... ces étranges prières qui ne sont qu'un remuement de lèvres!... Ces pitoyables signes de croix!... L'une d'elles ne voulait-elle pas pénétrer dans l'église avec son caniche? Il fallut faire intervenir le suisse. Mais si devant la main qui se tend ces étranges visiteuses passeront tout à l'heure indifférentes, ou peu s'en faut, elles ne manquent guère d'aller piquer leur cierge de cinq francs. Pauvres âmes! Sainte Vierge, fleur exquise de pureté et de bonté, regardez-les avec compassion, et tenez compte pour le salut de leurs âmes de cette visite et de cette flamme allumée!

*
* *

Six heures. — La sortie des banques, des grosses maisons de commerce. Ce sont les messieurs qui dominent, employés ou patrons. L'un de ces derniers a l'obole généreuse pour les petits Ménilmontagnards. Mais son nom connu de tout Paris, du Paris du commerce et de celui de la charité, n'est-il pas synonyme de bienfaisance?

*
* *

Sept heures. — Sur le parvis de l'église deux postiers s'arrêtent. L'un d'eux quitte son ami pour aller changer un billet de vingt francs à la marchande d'objets de piété.

— Tu as besoin de monnaie pour entrer, demande l'autre.

— Oui, je connais un peu le prêtre qui quête aujourd'hui à la porte. Il a un tas de gosses intéressants qu'il élève là-haut, sur les hauteurs de Ménilmontant; alors je me suis promis de lui donner deux écus.

— Deux écus de cent sous?

— Mais oui.

— Alors jamais deux sans trois : j'y joins le mien. Et le P. Dhuit n'en put croire ses yeux quand il vit de ces mains d'ouvriers tomber dans son escarcelle ces trois journées de travail [1].

*
* *

Huit heures. — La nuit est tombée. Lentement l'ombre a envahi le sanctuaire où les flammes des milliers de cierges donnaient maintenant tout leur éclat. Les fidèles des quartiers lointains se font plus rares. Seuls, les membres de l'Archiconfrérie accourent encore après leur journée de travail, ou de saint dévouement se joindre aux

1. En ce temps-là, époque fabuleusement lointaine, cinq francs étaient bien la moitié du salaire quotidien des meilleurs ouvriers.

habitants du quartier pour maintenir jusqu'au seuil de la nuit la prière de Paris à sa Madone préférée. Dernières oraisons, dernières aumônes, derniers chants... On récite le chapelet et l'ostensoir courbe tous ces fronts sous sa bénédiction. Puis la foule se disperse à travers ce Paris silencieux de la guerre, dans ces rues tranquilles et obscures, où les passants attardés causent presque à voix basse. Le dernier sou vient de tomber des mains d'un petit garçon tout fier de se hausser jusqu'à la bourse de la dame. L'église va fermer ses portes : la journée est finie. Recueillons-en les impressions, fixons-en les souvenirs. Nos mains de quêteurs improvisés sont très lasses, nos voix aussi ; à peine sentons-nous la faim, tant le sommeil pèse sur nos paupières, mais nos cœurs sont étrangement remués.

Quel foyer ardent de dévotion que ce sanctuaire ! Nous le savions déjà, mais nous ne l'avions jamais autant senti. Le long d'une journée, semblable à tant d'autres, nous avons vu s'agenouiller aux pieds de la Vierge toutes les classes de la société, toutes les conditions, tous les âges, tous les états... Et ce n'était pas du chiqué, oh non ! mais de la piété vraie, robuste, jaillissant du fond du cœur, grave et émue tout à la fois. Ceux qui dénigrent la France et Paris en particulier, ceux qui doutent de la Patrie et de son avenir glorieux ont coutume, pour étayer leur thèse, d'enquêter dans une certaine littérature, dans un monde louche, dans des milieux avilis, dans l'un des deux Paris, quoi ! Mais l'autre existe aussi. Qu'ils viennent donc ici et qu'ils l'observent : ils douteront au moins de la légitimité de leurs inductions.

CHAPITRE VI

Les filiales de Notre-Dame des Victoires.

Sera-t-il jamais possible d'énumérer les pieux desseins qui furent conçus devant l'autel de Notre-Dame des Victoires, les entreprises saintes qui, nées d'une inspiration du Cœur immaculé, rayonnèrent ensuite de proche en proche et gagnèrent jusqu'aux régions les plus lointaines en révélant aux indifférents ou aux impies quelque chose des beautés de Dieu et des charmes de la vertu ? L'action de la grâce sur les âmes est à la fois trop riche, trop complexe et trop mystérieuse pour que cette histoire, si belle qu'on la devine, existe autrement qu'en rêve, en désir ou en projet.

Certains épisodes cependant sont assez connus pour être sommairement décrits.

En 1838, il y avait à Paris, parmi les élèves du séminaire Saint-Sulpice, deux jeunes gens qui, originaires l'un d'Haïti, l'autre de l'île Bourbon, gémissaient de la déchéance de la race noire, et se demandaient comment on pourrait y porter remède. Chose étrange; ils se sentirent poussés, l'un et l'autre, sans s'être communiqué leurs pensées, à solliciter les prières de l'Archiconfrérie du très saint et immaculé Cœur de Marie. Formulées séparément, leurs instances se rejoignirent à Notre-Dame des Victoires et le 2 février 1839 le vénérable

M. Desgenettes, d'une voix plus émue que jamais, recommanda aux associés la grande cause de l'évangélisation et du salut des noirs.

Il fallut encore un mois avant que MM. Eugène Tisserand et Frédéric Le Vavasseur, fussent informés par une circonstance fortuite de la parité de leurs préoccupations et de leurs vœux. Ils eurent alors l'idée de s'en ouvrir à l'un de leurs aînés, M. François Libermann qui, né dans le judaïsme à Saverne en 1803, entré au séminaire après sa conversion, y avait laissé un grand renom de zèle et de sainteté, et était devenu ,avant même d'être prêtre et sans appartenir à la société, directeur du noviciat des Eudistes, à Rennes.

Des correspondances et des conversations qui s'échangèrent entre les trois amis, le projet naquit bientôt de constituer une communauté vouée au service et au relèvement des esclaves, et M. Libermann, entièrement gagné à ce dessein, prit le parti de se rendre à Rome pour en faciliter la réalisation.

Ayant demandé l'avis de la S. Congrégation de la Propagande, il entreprit, en attendant la réponse, de travailler à la rédaction des règles et constitutions de la future société. Or, explique-t-il lui-même dans une lettre à M. Desgenettes, « le seul M. Tisserand était d'avis que nous devions consacrer notre œuvre au très saint Cœur de Marie. M. Le Vavasseur et moi nous n'avions pas cru qu'une œuvre apostolique dût être consacrée au Cœur immaculé de Marie, quoique toute ma confiance fût dans ce très saint Cœur : je pensais que la société devait trouver dans sa consécration toutes ses dévotions et un modèle parfait de toutes les vertus fondamentales de l'apostolat, et — je ne sais pourquoi — je n'eus pas même l'idée que nous trouvions tout cela parfaitement dans la dévotion au très saint et immaculé

Cœur de Marie. Je me fixai donc sur un autre objet, la sainte croix. Étant dans cette pensée, je me donnai bien de la peine pour tracer le plan en question : impossible de trouver seulement une idée! j'étais dans la plus profonde obscurité. Je fis la visite des sept églises, et j'allai en outre visiter quelques églises de dévotion à la très sainte Vierge. Alors, sans pouvoir me rendre compte pourquoi, je me trouvai décidé à consacrer l'œuvre au très saint Cœur de Marie. Je rentrai chez moi, et me mis aussitôt à l'ouvrage pour commencer le plan dont il s'agit, et je vis si clair que, d'un seul coup d'œil, j'eus la vue de l'ensemble dans toute son étendue et dans tout le développement de son détail... »

Pendant que ce travail s'achevait, M. Libermann reçut du cardinal Fransoni, préfet de la Propagande, la réponse la plus encourageante et la plus flatteuse, où était exprimé l'espoir que « Dieu lui rendrait une santé parfaite, pour qu'il pût être promu au sacerdoce, et se dévouer lui-même tout entier à cette sainte œuvre. » Délivré effectivement à Lorette, où il s'était rendu en pèlerinage, du terrible mal qui l'avait jusqu'alors écarté des ordres sacrés, il s'empressa de rentrer en France.

Attiré à Amiens, où l'évêque, Mgr Mioland, mettait une maison de campagne à la disposition de la nouvelle société, il fut ordonné prêtre le 18 septembre 1841. Le samedi suivant, il était à Notre-Dame des Victoires, et célébrait la messe, entouré de ses premiers disciples, à l'autel de l'Archiconfrérie.

Dès lors, la communauté naissante ne fit que croître et se développer. M. Tisserand s'y joignit, après avoir été pendant un an sous-directeur de l'Archiconfrérie; et deux ans plus tard ce fut le tour de M. Schwindenhammer, à qui les mêmes fonctions avaient été confiées; puis vint M. Laval, qui sera sans doute prochainement placé sur les autels, et plusieurs autres. Mais où envoyer ces prêtres qui brûlaient de se dévouer au salut des noirs ? Les missions espérées se fermaient devant eux l'une après l'autre, et M. Libermann, un jour qu'il était venu à Paris, ne put s'empêcher de faire part de ses déceptions et de ses inquiétudes à M. Desgenettes.

Or le lendemain de ces attristantes confidences, un prélat se présentait à Notre-Dame des Victoires, pour recommander au Cœur immaculé de Marie l'œuvre difficile dont il était chargé : c'était Mgr Barron, qui venait d'être nommé vicaire apostolique des Deux Guinées, et qui ne trouvait pas de missionnaires à emmener avec lui. Averti par M. Desgenettes, M. Libermann revint précipitamment d'Amiens, où il était retourné quelques heures auparavant : il s'entretint avec le vaillant évêque, lui promit des coopérateurs : de cette conversation, préparée et favorisée par Marie, date la reprise de l'évangélisation de l'Afrique.

La Société du Saint-Cœur de Marie fit des progrès rapides : à peine comptait-elle sept années d'existence, qu'elle avait déjà une centaine de membres, et se trouvait chargée des missions de Maurice et de Bourbon, aussi bien que de celle des deux Guinées. Un missionnaire de la Congrégation du Saint-Esprit, M. Monnet, ayant dû laisser pour revenir en Europe les œuvres qu'il avait établies à l'île Bourbon, ne voulut les confier qu'à un prêtre de la nouvelle société. Et lorsqu'il fut devenu, en 1848, supérieur de sa Congrégation, il travailla à la fusion des deux communautés en une seule, à la tête de laquelle fut placé le P. Libermann, tandis que lui-même était nommé vicaire apostolique de Madagascar.

M. Desgenettes avait annoncé cette fusion, alors que rien ne permettait de la présager. « J'ai fait le prophète sans le savoir », disait-il parfois en rappelant ces événe-

LE SACRE DE SAINT AUGUSTIN

ments. Il continua de porter le plus vif intérêt à la société missionnaire qu'il avait vu naître; il s'était engagé à en représenter chaque jour à Dieu les intérêts et les besoins à l'autel du Cœur immaculé; il l'unit, pour ainsi dire, à l'Archiconfrérie par une association de prières pour la conversion de la race noire, qu'il fonda en 1852, et qui fut enrichie par le Saint-Siège de précieuses indulgences. Enfin il s'ingénia de mille manières, et jusqu'à son dernier jour, à témoigner de son estime et de sa vénération pour cet institut qui était manifestement l'œuvre du Cœur immaculé de Marie, et qui a pris en trois quarts de siècle de tels développements qu'une trentaine de diocèses, vicariats ou préfectures apostoliques lui sont confiés, aujourd'hui. Les zélés missionnaires n'oublient pas leurs origines. Ils se plaisent à venir célébrer le saint sacrifice à l'autel privilégié avant de s'embarquer pour les rivages lointains qui les appellent; et chaque année, le dimanche dans l'octave de l'Épiphanie, ceux qui se trouvent à Paris accomplissent leur pèlerinage au sanctuaire de la Vierge puissante et douce qui a inspiré à leur saint fondateur, le dessein hardi, humainement irréalisable, divinement réalisé chaque jour, d'un apostolat sans cesse plus étendu, plus persuasif et plus conquérant.

* * *

Très différente dans son but, mais féconde également en fruits de salut, l'œuvre de l'adoration nocturne, a germé et grandi, elle aussi, dans le sanctuaire de Notre-Dame des Victoires.

Mgr de La Bouillerie, alors vicaire général de Paris, et le P. Hermann, encore laïque, connu seulement par son beau talent musical, avaient résolu de grouper autour du Dieu de l'Eucharistie des adorateurs fidèles et dévoués. Leur appel avait été entendu : des hommes d'élite s'étaient joints à eux; d'autres viendraient sans doute dès que le groupement serait constitué et l'œuvre sortie de la période des indécisions initiales. Mais où commencer les exercices ? Les avis divergeaient; on voyait partout des difficultés. Le jeune artiste vint confier cet embarras à M. Desgenettes, son père et son ami. C'était le 22 novembre 1848. « N'avez-vous pas mon église ? lui répondit le saint vieillard; je la mets avec bonheur à votre disposition, pour une œuvre qui est destinée à rendre à Dieu tant de gloire. » L'offre fut acceptée; on choisit la nuit du 6 au 7 décembre veille du premier jeudi du mois.

La France était en proie aux convulsions de 1848; le pape Pie IX chassé de Rome, venait de se réfugier à Gaëte; c'est le moment que choisirent dix-neuf généreux chrétiens pour passer une nuit aux pieds du très Saint-Sacrement exposé à l'autel de la sainte Vierge à Notre-Dame des Victoires.

De 1848 à 1850, l'œuvre naissante n'avait pu organiser que quelques nuits d'adoration. L'année 1851 fut pour elle une année de grandes épreuves : relâchement, découragement et peu d'espoir pour l'avenir. C'était l'heure de Dieu. Neuf adorateurs de la première heure se groupèrent à nouveau pour passer une nuit à Notre-Dame des Victoires en novembre 1851, nuit de supplications et de sacrifices pour le relèvement de l'œuvre. Dieu entendit l'appel. La sainte Vierge, qui avait accueilli l'œuvre à sa naissance, présidait encore à sa résurrection. L'adoration nocturne, dès lors entre dans une nouvelle phase, en se joignant à l'adoration des quarante heures, établie dans le diocèse de Paris, par Mgr Sibour le 24 novembre 1850, et complétant l'adoration de jour par celle de nuit. Ainsi conçue et organisée le 30 décembre 1851, elle prenait son essor à Notre-Dame des Victoires et s'étendait successivement aux paroisses du diocèse.

En présence de tels résultats, l'abbé de La Bouillerie, qui avait préludé à la fondation de l'adoration nocturne en 1848, jugea opportun de l'établir sur des bases définitives. Le 3 novembre 1852, il arrêta le règlement qui devait lui assurer la prospérité dont Dieu l'a gratifiée. Un des articles de ce règlement enjoint aux associés de faire l'adoration nocturne dans le sanctuaire de Notre-Dame des Victoires, — centre de l'œuvre. — On s'y conforme en venant chaque mois passer dans la prière la nuit qui précède le premier jeudi.

L'œuvre resta fidèle à sa vocation et, de fin 1851 à fin 1860, le nombre de ses membres s'étant accru, elle put établir l'usage et la pratique de l'adoration nocturne par les hommes seuls, et arriver à l'adoration réellement perpétuelle en comblant la lacune qui existait entre le troisième jour et le premier jour de chaque « Triduum ».

Jusqu'alors la pratique était d'exposer le Saint-Sacrement dans chaque église le matin du premier jour fixé pour l'adoration, et de le renfermer dans le tabernacle le soir du troisième jour. Il y avait donc une nuit sur trois où l'Hôte divin de nos autels restait sans adorateurs dans le diocèse. On convint de rattacher au jour suivant cette nuit intermédiaire, et d'anticiper à la veille au soir l'exposition qui se faisait le matin, en sorte que désormais les exercices de l'adoration, commençant dans une église à l'heure même où ils se clôturaient dans une autre, furent vraiment ininterrompus. C'est encore de Notre-Dame des Victoires qu'est sortie cette heureuse innovation; elle y avait été adoptée le 29 décembre 1860.

Il est très remarquable que l'œuvre de l'adoration

nocturne ,qui a pris naissance à Rome dans la nuit du 19 au 20 novembre 1810, y est restée stationnaire. Il a fallu qu'elle fût implantée en France et partît de Paris pour rayonner dans l'Europe entière et jusque dans les plus lointaines missions. Actuellement il y a dans notre pays quarante groupes qui sont affiliés à celui de Paris, et ce dernier, dont le centre officiel est à Notre-Dame des Victoires a reçu du pape Pie X, le 8 août 1906, le pouvoir d'agréger à l'Archiconfrérie romaine les œuvres d'adoration nocturne de France.

On ne s'étonnera pas que les fondateurs aient tenu à perpétuer ces grands souvenirs en les gravant sur le marbre. Une plaque fixée près de la chaire porte cette inscription :

L'ŒUVRE DE L'EXPOSITION ET ADORATION NOCTURNE
DU TRÈS SAINT-SACREMENT A PARIS
A PRIS NAISSANCE DANS CETTE ÉGLISE
LE 6 DÉCEMBRE 1848 PAR LES SOINS DU R. P. HERMANN
ET DE MGR FRANÇOIS DE LA BOUILLERIE
ÉVÊQUE DE CARCASSONNE
ALORS VICAIRE GÉNÉRAL DU DIOCÈSE DE PARIS

CHAPITRE VII

Notre-Dame des Victoires durant la Grande Guerre.

Pendant presque deux cents ans, de 1629 à 1789, Notre-Dame des Victoires, cette église du vœu de Louis XIII, n'a guère connu du canon que les salves qui saluaient la gloire de nos armes. Mais ensuite les jours d'angoisse se sont multipliés. Et nos murs ont répercuté d'abord les tumultes de la tourmente révolutionnaire, puis en 1814, en 1815, en 1870, les bruits sinistres de l'invasion qui humiliait et consternait Paris.

Dans la guerre de 1914-1918, cette extrémité cruelle devait nous être épargnée. Mais, si la victoire décisive et finale n'a pas cessé de nous être destinée, les souffrances qui nous l'ont value et sans doute méritée n'ont pas cessé non plus de crucifier la France, meurtrissant et déchirant la chair de nos soldats, torturant le cœur des mères, des sœurs, des filles, des fiancées, des parents âgés, et des jeunes enfants. A tous, aux combattants qui, entre deux assauts, avaient la consolation d'un pèlerinage rapide, à ceux qui, moins favorisés, ne pouvaient que de loin envoyer à Notre-Dame l'élan d'une aspiration, d'un soupir, d'une prière, aux non-combattants qui lui jetaient l'appel d'un cœur lourd d'anxiétés, aux âmes brisées par un deuil irréparable, aux âmes palpitantes d'un tremblant espoir, à tous, pour tous, Notre-Dame des Victoires a continué d'être dans la guerre ce qu'elle est dans la paix : réconfort, lumière, raison d'espérer et parfois même raison de vivre.

D'ailleurs le culte marial, avec ses ressources d'une variété si riche, offrait un cadre souple et tout préparé aux diverses manifestations de la piété « en guerre ». Aussi bien se ramenaient-elles toutes à la prière, à une prière ardente, pressante, réitérée, jaillie du plus profond des cœurs, prière qui escalade les cieux et fait violence au Tout-Puissant.

Dès le 1er août ,au soir, quatre heures seulement après qu'eut passé sur la France ensoleillée le signal jusqu'alors inédit de la mobilisation générale et sans qu'aucune convocation fût intervenue, ce fut dans notre église comme une explosion de prières. Certes, pour quelques-uns, la guerre entrait dans les possibilités et même probabilités d'un avenir tout prochain, mais pour la masse, l'annonce du conflit armé avec l'Allemagne éclatait comme un coup de tonnerre, dressait brusquement une éventualité monstrueuse avec son cortège de sacrifices inéluctables et l'épouvante d'un redoutable inconnu.

Dans ce désarroi du cœur étreint d'une émotion tragique et soudaine, à qui recourir, sinon à la vierge Marie, Notre-Dame des Armées ,Notre-Dame de France, Notre-Dames des Victoires surtout ?

Aussi, rien ne peut rendre l'aspect de la multitude accourue ce soir-là dans le sanctuaire privilégié : serrée, pressée, haletante et enfiévrée, et cependant recueillie, prosternée ou bien les yeux levés vers l'image tutélaire, elle criait à la Vierge sa douleur, les douleurs infiniment variées qui, à ce seul mot de guerre, surgissaient partout et de tout. Et déjà une première réponse lui venait par la voix du pasteur de cette église, notre regretté Mgr Rataud, qui trouvait dans son patriotisme et sa foi les mots qu'il fallait dire à cette foule pour l'aider à vivre ces heures terribles.

Une scène analogue se reproduit le jeudi 6 août : à 10 heures, une messe avait été demandée pour la France. Comment la foule le sut-elle ? Mais elle était là bien avant l'heure. La messe finie, M. le curé ne voulut pas renvoyer à jeun cette foule affamée et lui adressa quelques mots de confiance. Il adjura Notre-Dame des Victoires de défendre notre patrie menacée et de protéger nos soldats.

Aussi bien, la secousse qui ébranlait la France se résolvait en un réveil unanime de croyances et de pratiques religieuses : « Mais en aucune église de France, on n'a pu voir ce que nous avons vu et entendu ici. A peine la guerre était-elle déclarée que Notre-Dame des Victoires était littéralement envahie, nos confessionnaux assiégés, la prière ininterrompue. On peut dire que tout Paris s'est agenouillé à l'autel de l'Archiconfrérie pendant ces jours de mobilisation. Non seulement les mères amenaient leurs grands fils, mais les pères.., et tous se confessaient... Tous confiaient les angoisses de leur cœur au Cœur immaculé de Marie. Et que d'âmes ont été transfigurées !

Comment dépeindre les sentiments qui, dans cette période et la suivante, remuaient les cœurs ? L'élan qui soutenant les courages pendant les préludes de la séparation semblait, le cher soldat parti, augmenter chez ceux de l'arrière la capacité de souffrir. Où était-il, ce cher soldat ? Que faisait-il ? N'était-il pas déjà frappé, glorieuses prémices de cet holocauste qu'on pressentait formidable et désormais immédiat ? Non, on espérait;

on voulait espérer. Les communiqués officiels d'ailleurs étaient pour entretenir la sécurité : dans les contacts du début, engagements de patrouilles, ils n'enregistrent que les pertes de l'adversaire (7 et 9 août). Il y avait bien la violation de la neutralité belge. Mais cela nous valait l'entrée en campagne de l'Angleterre. Nous n'imaginions pas l'excès d'horreur que représentait cette invasion : les assassinats méthodiques, les incendies organisés, d'inconcevables outrages à tout ce qui est faible et pur, le raffinement morbide des procédés les plus barbares, tout ce que devaient peu à peu révéler les récits de témoins oculaires, les rapports des enquêtes officielles.

La bataille de Liége durait. Contre toute prévision, la place résistait et obligeait l'Allemand à faire appel à des ressources plus importantes, à des forces plus considérables qu'il ne l'avait prévu. D'autre part, nos troupes occupaient une partie de la Haute-Alsace, touchaient Mulhouse le 9 août pour l'évacuer, il est vrai, le 11.

Dans cet ensemble de faits que le laconisme officiel dépouillait de précisions significatives, nous comprenions moins confusément que fusillades, bombardements, sang répandu, c'était la guerre, mais que rien n'était perdu ni gagné encore. La menace cependant demeurait entière. Et que de victimes déjà ! Que pouvait, que devait faire le pèlerin de Notre-Dame des Victoires, sinon intensifier sa prière ?

Le jeudi 6 août, avait commencé la neuvaine de saluts ordonnée par notre vénéré et tant regretté cardinal qui, le samedi 8, présida en personne, la cérémonie au cours de laquelle Son Éminence « dénonça fièrement l'injustice de cette abominable guerre » et éleva les âmes au-dessus des impressions poignantes du moment.

D'autre part, la Ligue patriotique des Françaises qui devait au cours des hostilités, prendre tant d'initiatives généreuses, avait choisi Notre-Dame des Victoires pour le sermon de charité demandé, le jeudi 13 août, à Mgr Dien « en faveur des femmes de militaires sans ouvrage ». Mgr Dien a fait vibrer toutes les cordes de notre sensibilité déjà si tendues. Il a parlé de l'Alsace et de la Lorraine, des mères, des femmes, des fiancées, des petits enfants. Il a fait claquer le drapeau, il a crié : « Vive la France ! » et l'on a applaudi à plusieurs reprises.

Enfin la fête de l'Assomption a marqué l'apogée de toutes ces manifestations religieuses à Notre-Dame des Victoires. Pendant toute la matinée, les communions se comptèrent par milliers et le soir, pendant le salut, le chapelet fut dit à haute voix sur la place des Petits-Pères. Il y avait, disait un témoin, encore plus de monde dehors que dedans.

*
* *

Les prières ardentes, les ferventes communions, ce n'était pas trop pour aider les âmes à supporter sans faiblir l'épreuve dont chaque journée révélait peu à peu la gravité et l'étendue. Les communiqués officiels dispensaient des nouvelles obscures à travers lesquelles passait parfois, comme un éclair sinistre, un mot, une indication, dont, moins confiants, ou plus avertis, nous eussions pu comprendre le sens tragique. Mais nous n'étions pas accoutumés de lire entre les lignes et nous nous défendions du pessimisme démoralisant. Il s'agissait d'attendre et, tout en attendant, de maintenir son âme dans les sentiments qui conviennent au chrétien soumis à l'épreuve : pour cela, rien ne vaut que la prière.

Aussi bien, l'Archiconfrérie y avait pourvu par un exercice quotidien donné l'après-midi à Notre-Dame des Victoires. Chaque jour, donc, à quatre heures, le salut du Saint-Sacrement, précédé de la récitation du chapelet, réunira les fidèles au pied de l'autel privilégié. Et la divine Vierge sera, plus que jamais, la confidente des émotions, des impressions qui, au jour le jour, font vibrer les âmes.

Au lendemain du 15 août, voici d'abord de bonnes nouvelles de Russie et d'Alsace; et, ce qui semble bon signe, les armées françaises entrent en Belgique. Néanmoins un avertissement officiel nous prémunit contre les excès d'allégresse ou d'abattement consécutifs à la lecture des communiqués : « Au moment ou d'un jour à l'autre peut commencer la bataille d'armées, c'est-à-dire le grand choc qui, de Bâle à Maëstricht, va mettre aux prises de formidables masses d'hommes, il importe que l'opinion publique ne s'attache pas aux nouvelles de détail bonnes ou mauvaises; le pays suivra avec sang-froid les phases du grand choc et en attendra avec confiance les résultats décisifs, *16 août 1914*.

Mais avant ces « résultats décisifs », que de motifs de crainte : « on annonce que des forces allemandes très importantes franchissent la Meuse entre Liége et Namur, » *20 août*, — « La cavalerie allemande a occupé Bruxelles, » *21 août*. — « Elle a été suivie par un corps d'armée. La ville a été frappée d'une contribution de guerre de deux cents millions de francs. Namur est partiellement investi, » *22 août*. — « La bataille est engagée sur tout le front.... C'est sur la vaste ligne allant de Mons à la frontière luxembourgeoise que se joue la grosse partie, » *24 août, 7 heures*. — « Le mouvement des Allemands qui avaient cherché à déborder notre aile gauche a été suivi pas à pas... Déjà les pertes sont sérieuses de part et d'autres, *24 août, 17 heures 30*.

En ajoutant bout à bout ces données, il est possible, maintenant que nous savons mieux ce qui s'est passé, de reconstituer le schéma de la bataille de Belgique, inégale, meurtrière, et finalement perdue, et d'envisager dans son ensemble et ses conséquences, le drame dont la notion exacte, à l'heure où il se déroulait, était faite pour déterminer le découragement et l'épouvante, paralyser notre effort et nous désarmer au moment critique.

D'ailleurs, précisément alors, l'Alsace-Lorraine, si longtemps désignée à l'opinion française comme l'inéluctable enjeu de toute revanche, inlassablement regrettée même quand la France, cédant à des suggestions de prudence et d'humanité, eut tacitement adhéré à « l'abandon de cette revanche, » l'Alsace-Lorraine n'était plus tout entière à l'Allemagne; nous en tenions les débouchés : « La ville et le col de Saales sont maintenant occupés par les troupes françaises, » *15 août.* — « Les villages de Blâmont, Cirey et les hauteurs au delà ont été brillamment enlevés... Thann a été repris par nous, » *16 août.* — « Nous avons sur la ligne frontière, depuis Chambrey jusqu'à Belfort, gagné sur l'ennemi une distance qui varie de 10 à 20 kilomètres et pris pied fortement aussi bien en Alsace qu'en Lorraine, » *18 août.* — « Nous avons occupé Guebviller. Après un combat très vif, Mulhouse a été réoccupé par nous. Nos troupes débouchant sur la Seille occupent Château-Salins et Dieuze, » *20 août.*

Le succès est indiscutable. Et la marche en avant jalonnée par des noms de villes et de villages qui sont d'anciennes et chères connaissances, se déploie dans les communiqués avec une abondance de précisions qui peut paraître profusion au regard du laconisme appliqué aux nouvelles du Nord.

Aussi bien, toutes ces nouvelles étaient-elles confondues dans une variété d'informations que l'importance et la multiplicité des événements nécessitaient certes et qui répondait à la fiévreuse et légitime avidité de savoir : le *16 août*, « le tsar Nicolas annonce son intention de restituer à la Pologne son intégrité territoriale. » Puis, au *17 août*, voici l'ultimatum lancé à l'Allemagne par le Japon. Les incidents de la guerre aérienne, de la guerre navale s'entremêlent avec des fragments de rapports sur les atrocités allemandes, les avis qui concernent les engagés volontaires, les opérations de la Banque de France, la crise ministérielle du 27 août et les messages des ministres nouveaux. Le rédacteur officiel ne s'interdit point d'ailleurs les commentaires qui mettent en évidence « nos raisons d'espérer. » « Il est agréable de constater que ce matin il n'y avait plus aucun point du territoire français occupé par l'ennemi, sauf une légère enclave à Audun-le-Roman. Ainsi, le vingtième jour de la mobilisation, en dépit de toutes les assurances allemandes, des écrits de leurs auteurs les plus connus et de ceux même du grand état-major, non seulement ils n'ont pas encore obtenu les avantages décisifs qu'ils escomptaient, mais encore ils n'ont pu porter la guerre sur notre territoire, » *21 août.*

Cependant, il n'est plus possible de se le dissimuler; l'ombre sinistre de l'invasion se projette maintenant menaçante sur Paris lui-même : « Des éléments de cavalerie allemande, opérant à l'extrême droite, ont pénétré dans la région de Roubaix-Tourcoing, » *25 août.* — De Belgique, « les troupes franco-anglaises ont gagné la ligne de couverture qui passe dans le voisinage de Givet en combattant et en tenant en respect l'adversaire. A l'est de la Meuse, nos troupes ont regagné leurs emplacements de départ en maîtrisant le débouché de la grande forêt d'Ardenne. Dans le Nord, des partis de cavalerie ont apparu hier dans la région de Douai, »

26 août. — « Longwy a capitulé aujourd'hui, après avoir tenu vingt-quatre jours », *28 août.* — « Des forces allemandes progressent dans la direction de La Fère, » *30 août.* — « Des forces nouvelles allemandes se sont avancées dans la région de Rocroy, marchant dans la direction de Rethel. A notre gauche, les progrès de l'aile marchante allemande nous obligent à céder du terrain, » *31 août.*

Toutes ces parcelles de vérité deviennent pour les âmes motifs à des supplications dont la forme s'inspire de l'impression immédiate : crainte, inquiétude, pressentiments douloureux! Mère des Douleurs, Notre-Dame des Victoires, ayez pitié de nous! Vierge bénie, conservez-moi mon fils, mon époux, mon père, mon frère, mon fiancé!... Et combien, parmi les fidèles de l'exercice quotidien, auront soudain entrevu, pendant leur prière à la Vierge immaculée, la possibilité, la probabilité du sacrifice et reçu en même temps la force de dire le *fiat* des saints : Seigneur, que votre volonté soit faite!

Car l'étreinte angoissée se resserre sur nos cœurs. Les mesures suprêmes vont se succédant : « A la demande de l'autorité militaire, le Gouvernement transporte momentanément sa résidence sur un point du territoire d'où il puisse rester en relations constantes avec l'ensemble du pays, » *2 septembre.* — Puis l'inoubliable proclamation du général Galliéni : « J'ai reçu le mandat de défendre Paris contre l'envahisseur. Ce mandat, je le remplirai jusqu'au bout, » *3 septembre.*

Jusqu'au bout! Cela résonne comme une fanfare d'indomptable et peut-être invincible vaillance. Mais que va-t-il falloir subir?

Néanmoins « l'ennemi paraît négliger Paris, » *4 septembre.* — C'est un répit. Serait-ce plus et mieux? Peut-être : « Les troupes de la défense avancée de Paris ont eu hier sur l'Ourcq le contact avec des forces adverses. Le petit engagement qui en est résulté a tourné à notre avantage, » *6 septembre.* — « Une action générale est engagée sur une ligne passant par Nanteuil-le-Haudoin, Meaux, Sézanne, Vitry-le-François et s'étendant jusqu'à Verdun. Les forces allemandes qui s'étaient avancées avant-hier et hier jusque dans la région de Coulommiers et de la Ferté-Gaucher ont dû, dans la soirée d'hier, marquer un mouvement de recul,» — *7 septembre.* « Les armées alliées sont en progression continue depuis les rives de l'Ourcq jusque dans la région de Montmirail. L'ennemi se replie dans la direction de la Marne. » *8 septembre.* — « L'ennemi a reculé d'environ 40 kilomètres, » *9 septembre.* — « L'ennemi a reculé de 60 à 75 kilomètres depuis quatre jours, » *11 septembre.* — « Les Allemands ont entamé un mouvement de retraite général entre l'Oise et la Marne, » *12 septembre.* — « Notre victoire s'affirme de plus en plus complète; partout l'ennemi est en retraite. A notre gauche, nous avons franchi l'Aisne en aval de Soissons, gagnant ainsi plus de 100 kilomètres en six jours de lutte, » *13 septembre.* — En même temps, notre généralissime adresse à l'armée l'ordre général n. 15, tout rempli de la joie du triomphe : « La bataille qui se livre depuis cinq jours s'achève en victoire incontestable. Officiers et soldats, vous avez bien mérité de la Patrie! »

Mais notre joie est trempée de larmes. L'on n'ose et l'on ne saurait la célébrer par le *Te Deum* solennel qui bien plus tard, s'élèvera de la France délivrée et sauvée vers le Dieu des Armées, clément et juste. Mais le *Magnificat* qui est chaque dimanche comme le cantique propre à l'Archiconfrérie s'exhale alors de nos cœurs et de nos lèvres dans la ferveur d'une ardente gratitude :

« Le Tout-puissant a déployé la force de son bras et confondu les pensées des superbes. »

Sans doute, en cette octave de la Nativité de Marie, avons-nous cru que la libération complète n'était qu'une affaire de quelques jours. C'eût été trop beau! Le *14 septembre :* « L'ennemi semble faire tête sur le front jalonné par l'Aisne. » Il se cramponne à ce terrain « organisé défensivement » par lui. Et la bataille de l'Aisne succède à la bataille de la Marne; pendant de longs jours les combattants s'opposent les uns aux autres sur une ligne également fortifiée de part et d'autre et se livrent à des attaques et contre-attaques partielles qui ne peuvent que piétiner sur place.

*
* *

Et nous, que faisions-nous à Notre-Dame des Victoires pendant ces grandes journées de salut et de gloire ? Après avoir présidé, à la mobilisation et béni nos soldats, Notre-Dame des Victoires a consolé celles qui restaient : mères, femmes, filles, fiancées, revenant tous les jours épancher, dans son cœur de Mère, leurs cœurs pleins d'angoisse.

Mais ce n'était pas assez pour Notre-Dame des Victoires d'essuyer les larmes de la guerre. Elle s'est mise, si j'ose dire, à la tête de nos armées. Gardienne de ce vaste camp retranché que Paris, loin de la politique, est encore pour son bonheur, c'est Elle qui, terrible comme une armée rangée en bataille, a détourné brusquement le flot menaçant de l'horrible invasion.

C'est Elle qui, au jour de sa Nativité, nous a donné la victoire de la Marne.

C'est Elle qui, assistée de Mgr saint Michel, va nous donner la victoire de l'Aisne si chèrement achetée.

Oui, pendant tout ce mois la Vierge a guerroyé avec nous. Mais la piété parisienne n'a pas été inactive. Dans toutes nos églises, chaque jour, le chapelet a été récité pour nos armées par de nombreux fidèles.

A Notre-Dame de Paris, une imposante manifestation de foi nous a comme ramenés au temps des croisades. A Sainte-Geneviève, à Saint-Michel, des supplications ardentes ont crié à Dieu la grande pitié de la patrie.

A Notre-Dame des Victoires une manifestation émouvante de la jeunesse parisienne.

Le mercredi 9 septembre, à 8 heures, les ouvrières et employées venaient faire à Notre-Dame des Victoires une communion générale et promettre de revenir chaque année, à pareille date, pour une communion d'actions de grâces si Paris était épargné. Heureuse et touchante initiative d'une zélatrice dont l'intelligence égale le dévouement.

A cette jeunesse il fallait une parole vibrante, M. l'abbé Poulin fut plus vibrant que jamais.

« En ces jours d'angoisse et dans l'attente de la victoire, nos mains se joignent, nos cœurs montent en supplications ferventes et sincères, nous sommes tous un seul cœur, une seule âme aux pieds de Notre-Dame des Victoires.

« Mes chères enfants, vous êtes venues en ce sanctuaire béni puiser du courage, vous renouveler dans l'esprit de sacrifice et raviver l'esprit de prière.

« Oui, vous venez chercher du courage comme Françaises, d'abord pour ne pas avoir peur personnellement, et comme chrétiennes pour encourager les autres.

« Un peuple se perd, lorsque s'abandonnant lui-même, il perd toute confiance dans sa force, ne comptant plus que des lâches. C'est alors que la femme doit avoir au cœur l'énergie et l'âme d'une Jeanne d'Arc. Et je vous

SAINT AUGUSTIN ARGUMENTANT CONTRE LES DONATISTES

demande d'être les semeuses de courage, d'énergie, de bravoure, de vaillance et d'esprit de sacrifice. Voilà la résolution que vous allez me promettre de prendre aux pieds de la sainte Vierge, au nom de cette ville de Paris et de la vieille Lutèce.

« Quand vous aurez ranimé votre courage, vous entretiendrez en vos cœurs, l'esprit de prière. Pendant que nos soldats combattent, priez avec ardeur. Que vos supplications montent ferventes vers le Sacré-Cœur et Notre-Dame de Lourdes, par les mains très pures de Jeanne d'Arc, le diacre de la sainte Vierge avec sainte Geneviève, patronne de Paris. Que le chapelet soit votre arme, à vous. Communiez souvent et que chacune de vos communions soit pour demander la victoire de nos armées, l'endurance pour nos soldats et le succès de notre France.

« Après le courage et la prière, Dieu demande le sacrifice. Le sang coule partout, sang d'innocentes victimes, de cœurs purs et impurs, tous confondus dans la même hostie nationale. Ils le versent avec courage et confiance, nos braves, et nous devons les imiter en supportant héroïquement nos deuils, nous unissant, en ces heures douloureuses, au Christ immolé sur la Croix.

« Demain, d'autres tomberont, mais nous méritons ce châtiment terrible, car enfin nous avons renié Dieu, l'effaçant de notre Code, de nos lois, l'arrachant de nos murailles. Cependant Dieu nous aime quand même; il a choisi la France pour une mission chevaleresque. Que l'abnégation totale de nous-mêmes fasse de nous des vaillants, en face de la Croix, pour payer les dettes de la patrie.

« O Seigneur, acceptez toutes les pénitences de nos cœurs pour le salut des âmes de nos meilleurs soldats.

« O Notre-Dame des Victoires, écoutez nos supplications. Obtenez-nous la résurrection du pays, de la paix des cœurs et des consciences.

« O Vierge miraculeuse, ils vous ont jeté un défi, relevez-le en leur montrant votre puissance.

« Sainte Geneviève, sainte Clotilde, bienheureuse Jeanne d'Arc, intercédez pour nous.

« Et vous, jeunes filles, soyez de vaillantes petites Parisiennes, aux sentiments généreux, à la confiance invincible dans le Sacré-Cœur et dans la Vierge des Victoires qui sauvera certainement la France [1]. »

* * *

Tout le long de la guerre certes, il nous a fallu de la confiance, et on ne saurait entreprendre d'en retracer ici les manifestations successives, si émouvantes, qu'elles aient été. Mais le début de 1916 marque un de ces tournants critiques d'où peut sortir le pire ou le meilleur.

Les Allemands qui, depuis la bataille de la Marne, piétinent sur place, ont résolu de frapper un grand coup et ils ont choisi Verdun « cœur de la France ». En réalité, Verdun a un prestige historique qui opérait déjà en 1559, alors que l'occupation des Trois-Evêchés par l'armée française balançait dans l'opinion l'évacuation de cent dix-huit places fortes italiennes. D'autre part, Verdun fait saillant sur notre ligne de défense et paraît ainsi plus vulnérable; réduire cette forteresse ne sera qu'un jeu...

D'ailleurs les Allemands prennent dès l'abord toutes dispositions propres à assurer un succès foudroyant. Leurs batteries sont si nombreuses qu'au petit bois de

1. *Annales de N. D. des Victoires.*

Gremilly nos « observateurs en avion renoncent à pointer sur leurs cartes les batteries qu'ils voient en action [1]. » Le bombardement commence le 21 février 1916 à 7 heures 15 minutes avec une intensité inconnue jusqu'alors : le 14 mars, les obus ennemis sont « envoyés à certains moments, au rythme de cent vingt à la minute [2]. » Ce rideau de feu et de fer se renforce tel jour ici ou là : cela suffit à désigner l'objectif choisi pour l'attaque d'infanterie prochaine. Il arrive alors que, sans cet avertissement préalable, notre contre-préparation fasse avorter la tentative ennemie. Mais cela n'arrête pourtant pas toujours les Allemands. Ils « multiplient les attaques furieuses (communiqué officiel du 25 février), les poursuivent « avec acharnement (25-26 février) », répètent les « assauts infructueux » (27 février), menés « à gros effectifs » (9 mars), « en formations massives » (10 mars). On les voit attaquer « par trois fois en colonnes par quatre (12 mars) ». Ils usent « de liquides enflammés, lancés par des soldats porteurs d'appareils spéciaux (21-31 mars) ». Assurément, ils sont obligés de réussir!

Et en effet, les Allemands occupent, à l'est de la Meuse, le bois d'Haumont et une partie du bois des Caures (23 février) pénètrent dans le bois de la Wavrille (24 février). Nous évacuons la position avancée de Brabant-sur-Meuse (24 février) et « aux deux ailes nous reportons notre ligne d'une part en arrière de Samogneux, d'autre part au sud d'Ornes ». Le lendemain, « un parti de Brandebourgeois réussit, par surprise, à pénétrer dans le fort de Douaumont »; et le 26 février, l'ennemi « prend pied dans l'ouvrage d'Hardemont. »

Ces résultats obtenus, les Allemands, sans cesser d'attaquer à l'est de la Meuse, dirigent leur principal

1. et 2. Récit officiel du *Bulletin des Armées*.

effort sur celles de nos positions qui sont situées à l'ouest du fleuve et ils s'emparent, le 7 mars, du village de Forges et de la cote 265; prennent pied, le 8, au bois des Corbeaux, conquièrent, le 21, le bois d'Avocourt et avancent « sur le mamelon d'Haucourt dont nous tenons le réduit (23 mars) ». A notre tour maintenant de regagner un peu de terrain : le 29 mars, « par une vive attaque, nous enlevons la corne sud-est du bois d'Avocourt, sur une profondeur de plus de 300 mètres, ainsi que l'ouvrage important dit réduit d'Avocourt »; mais nous devons évacuer Malancourt « ruiné » (31 mars).

Maintenant, par coups de bélier alternatifs, les Allemands vont essayer d'approcher Verdun tantôt par l'est, tantôt par l'ouest. A l'est, ils attaquent au village de Vaux qu'ils entament (1er avril) pour l'évacuer le 4; à l'ouest, ils prennent Haucourt (6 avril) et nous obligent à abandonner le saillant de Béthincourt (9 avril)[1].

Ce jour-là, 9 avril, les ennemis tentent « une offensive générale s'étendant sur un front de 20 kilomètres. » Ils n'ont point Verdun pour autant. Il ne leur reste donc qu'à continuer...

Ce n'est pas cependant que nous leur laissions la part belle. D'abord notre artillerie à laquelle incombent les tirs de barrage et de concentration, « canonne les voies de communication de l'adversaire » (3 et 6 mars), « ses travaux de terrassement » (16 mars), prend sous son feu des « rassemblements de troupes (4-13-14 mars), des troupes en mouvement » (6 et 17 mars), et intervient sans cesse pour « arrêter », ou « briser », ou « repousser » des attaques en cours (23-27 février, 3-5-10-11-19-21-23-29-30 mars, 1er-2-3-5-8 avril).

D'autre part, nos fantassins « résistent héroïquement »

1. Communiqués officiels.

(26-28 février) sur les positions dont « l'ennemi ne peut nous déloger » (24 février) luttent « pied à pied » (21 mars) et passent tout de suite à une vigoureuse contre-attaque (22-27 février, 4-5-11-15 mars).

Ainsi, se déroulant d'Avocourt au Mort-Homme sur la rive occidentale de la Meuse et de la côte du Poivre jusqu'au delà du fort de Vaux sur la rive orientale, la titanesque bataille se prolonge, reproduisant sans variante notable, le schéma déjà tracé : bombardement continuel et réciproque plus ou moins intensif, violentes offensives réitérées en formations denses, avec, le cas échéant, jets de liquides enflammés ; et, de notre part, défensive active et tenace et vives contre-attaques.

Et loin que les progrès de l'ennemi soient surprenants, on peut s'étonner de la lenteur de son avance : le 5 mai seulement à la cote 304 (ouest de la Meuse), objectif convoité, il « réussit à occuper une partie de nos tranchées sur les pentes nord [1] ; et le 21, au Mort-Homme, objectif non moins précieux, « il progresse sur un front d'environ 1 200 mètres jusqu'à nos tranchées de deuxième ligne » accrochées au flanc ouest.

Le 22 mai, sur la rive droite, nous enlevons les carrières d'Haudremont », qui nous sont reprises en partie le 25 ; le 22 également, nous rentrons dans le fort de Douaumont, dont les ruines tombent de nouveau aux mains des Prussiens le 24. Puis, à l'ouest de la Meuse, les Allemands se rendent maîtres de Cumières (24 mai). Le 30 « dans la région du bois des Caurettes, nous replions nos éléments avancés. » A l'est de la rivière, l'ennemi pénètre dans le bois de la Caillette (2 juin) dans le village de Damloup et dans le fossé nord du fort de Vaux (3 juin). Là, après sept jours d'encerclement étroit, sous

1. Communiqué officiel du 10 avril 1916.

les grenades à fusée retardée que les assiégeants descendent par des cordes jusqu'au fond des casemates, les survivants du fort de Vaux, qui n'ont plus une goutte d'eau depuis quarante-huit heures, sont faits prisonniers par les Allemands (8 juin)!

Mais Vaux, ce n'est toujours pas Verdun. Et la lutte est portée un peu à l'ouest de Vaux, autour de Thiaumont : l'ennemi enlève les ruines de la ferme (12 juin); l'ouvrage fortifié change de mains huit fois en treize jours (du 24 juin au 5 juillet) [1].

*
* *

Avec quelle anxiété suivions-nous toutes les péripéties du drame sanglant!

« Cette année, mars a été un mois de bataille, de la plus angoissante et la plus héroïque des batailles », lisons-nous dans la « Chronique du sanctuaire »; et par conséquent, mars a été un mois de prières brûlantes. D'abord, le 2 mars, la Ligue patriotique des Françaises « organise hâtivement une journée de supplications non interrompues à Notre-Dame des Victoires.

« De 6 heures du matin à 11 heures, des messes eurent lieu toutes les demi-heures à l'autel de la sainte Vierge et de 12 heures à 18 heures, le chapelet fut récité pieusement par des masses de fidèles qui se succédaient au pied de l'autel [2]. »

Avant le salut donné par Son Em. le cardinal Amette, Mgr Rataud, curé de la paroisse, « commentant les mystères douloureux du Rosaire, fit jaillir des âmes une prière ardente pour la France, nos combattants, nos

1. Résumé officiel des opérations.
2. *Annales* d'avril 1916.

blessés et les familles affligées, prière qu'il résumait dans des invocations à Notre-Dame des Victoires, reine de France, protectrice de nos vaillants soldats, mère et consolatrice des mourants et des familles en deuil[1]. »

Puis vinrent les grandes journées de prière nationale; d'abord la journée des enfants, marquée le matin par une communion générale, mais avec cette particularité touchante qu'en tête du cortège marchaient nos tout petits faisant leur communion privée. A 4 heures, récitation du chapelet, procession au chant de l'*Ave maris stella* et salut solennel.

Après la journée de pénitence et avant la journée du Sacré-Cœur à Montmartre, la journée de la sainte Vierge, fixée au 25 mars, appelle la foule des fidèles à Notre-Dame des Victoires, qui a été désignée par son Éminence le cardinal comme le centre des supplications mariales de son diocèse. La sainte communion est donnée sans interruption d'une messe à l'autre, à l'autel privilégié. Toute la matinée, le défilé continu des communions, des prières, des cierges, dans une atmosphère de confiance et de ferveur impossible à décrire. Le chapelet est récité à partir de 2 heures. La cérémonie de 4 heures commence par le chant du *Magnificat*, et aussitôt Son Éminence monte en chaire :

« Nous voici donc revenus, mes Frères, une fois encore, dans cette église, qui est par excellence un sanctuaire de prières, un sanctuaire de miracles, un sanctuaire de victoires. Nous y sommes revenus pour demander à la très sainte vierge Marie d'obtenir à la France la victoire, la victoire totale, la victoire définitive sur nos ennemis, fût-ce au prix d'un miracle.

« Vous êtes venus en foule, multitude pressée que je

1. *Annales* d'avril 1916.

ne peux contempler sans une émotion profonde et que ne peut contenir entière — témoins ceux qui assiègent ses portes — cette enceinte toujours, et aujourd'hui plus que jamais, trop étroite. Vous y êtes venus en union avec tous les chrétiens de France qui, aujourd'hui, dans toutes nos églises, dans celles de la capitale et dans celles du pays tout entier, se pressent au pied des autels de Marie.

« Et vous y êtes venus en un jour particulièrement favorable pour prier Marie et bien propre à encourager, à ranimer la confiance en elle. C'est en ce jour, en effet, que retentit aux oreilles de la très sainte Vierge, prononcé par une voix céleste, le premier *Ave*. C'est en ce jour que, pour la première fois, Elle entendit ces paroles : « Je vous salue, pleine de grâces. »

« Cet *Ave*, il a été répété des millions de fois depuis vingt siècles, par toutes les générations, ainsi que Marie elle-même l'avait prédit. Et quand nous le répéterons tout à l'heure, nos voix feront écho à toutes ces voix du ciel et de la terre et, en les entendant, Marie tressaillira dans son cœur d'une sainte joie et d'une immense tendresse.

« C'est en ce jour encore, que la vierge Marie a acquis son titre principal à nous donner confiance et à être exaucée de Dieu. En ce jour Elle est devenue toute-puissante sur le cœur de Dieu en devenant sa mère; et que peut refuser un Fils tel que le sien à sa mère; et à une mère telle que Marie ? Aussi lorsque, tout à l'heure, nous répéterons encore avec l'Église : « Sainte Marie, Mère de Dieu, priez pour nous », ah! à quelle toute-puissance suppliante nous ferons appel et comme nous sommes assurés, mes Frères, que si Marie daigne prier pour nous, Dieu l'exaucera ?

« Comment n'ajouterais-je pas que ce jour où nos évêques vous ont spécialement convoqués pour prier Marie, en même temps qu'il rappelle à des chrétiens le motif principal de leur confiance en son intercession, suggère aux chrétiens de France une raison spéciale de compter sur elle, sur sa bonté et sur sa toute-puissance. C'est en ce jour en effet que, il y a soixante ans bientôt, Marie, apparaissant sur la terre de France, se réclamait de ce titre d'*Immaculée*, sous lequel nous l'invoquons en ce sanctuaire et qui est, avec sa maternité divine, son titre, tout-puissant aussi, à être exaucée de Dieu.

« Vous vous en souvenez, Mes Frères : depuis six semaines, une vision mystérieuse apparaissait à Lourdes, en la grotte de Massabielle, à une humble enfant des Pyrénées; plusieurs fois la vision lui avait souri, elle lui avait parlé, elle lui avait donné des ordres, mais elle ne lui avait pas encore révélé son nom; et l'enfant, obéissant au commandement du prêtre auquel la vision l'avait adressée, la suppliait de lui dire qui elle était. Et la vision ne semblait pas vouloir répondre. Mais enfin, après deux, trois, quatre interrogations plus suppliantes les unes que les autres, vaincue par les instances de la petite fille, la vision, tout à coup, inclina vers elle un regard d'une douceur ineffable; elle ouvrit ses mains et les pencha vers la terre comme pour signifier que des torrents de grâces seraient répandus en ces lieux, puis les joignant dans un geste de prière et d'adoration, levant ses regards au ciel, elle laissa tomber de ses lèvres cette parole : « Je suis l'Immaculée Conception. »

« Et c'est sur la terre de France, à une petite fille de France, que Marie a dit cela à pareil jour.

« Comprenez-vous, mes Frères, que lorsque, tout à l'heure, nous allons de nouveau consacrer la France à son Cœur immaculé, nous ne ferons que répondre à ses avances, nous ne ferons que lui redire : « Ah! oui, qu'elle soit bien toujours à vous cette terre de France, cette nation française que, depuis ses origines chrétiennes, depuis son baptême, votre Fils Jésus vous a donnée comme votre douaire privilégié. Gardez-la bien, veillez sur elle, étendez sur elle votre manteau maternel plus fort, plus inexpugnable que toutes les cuirasses. O Mère, gardez la France, ô Mère, sauvez-la! Vous le pouvez, si vous priez pour elle, car votre prière est toute-puissante, parce que c'est la prière de l'*Immaculée* et parce que c'est la prière de la mère de Dieu. »

« Mes Frères, voilà ce que vous êtes venus faire avec nous ce soir. Je ne vous en dis pas davantage. Tout à l'heure, une voix éminemment pieuse dirigera votre prière lorsque nous égrènerons, aux pieds de Marie, notre chapelet d'*Ave Maria*. Nous le dirons avec une pleine confiance, n'est-ce pas ? Et il nous semblera que la Vierge sourit à nos prières comme elle souriait à celles de la petite Bernadette, lorsque celle-ci récitait son chapelet aux pieds de la vision de la grotte. Et, au fond de nos âmes, nous entendrons retentir cet oracle qui, depuis des siècles, n'a jamais reçu de démenti : *Cliens Mariæ numquam peribit*, « Un client de Marie ne périra jamais. » La France est la cliente de la vierge Marie, et puisque Marie prie pour elle, c'est un peuple sauvé! »

***

Combien de fois, au cours de la guerre, se renouvelèrent ces supplications émouvantes! Combien de fois jaillirent de toutes les âmes de vibrants appels à la miséricordieuse bonté. La prière de la patrie montait sans cesse vers Notre-Dame des Victoires, répétant sans se lasser le même cri de détresse, et le même cri de confiance. Cri de détresse, parce qu'elle était une prière de guerre. Cri de confiance, parce qu'elle était une prière de victoire.

La guerre! Dans ses grandes litanies, qui sont comme des exorcismes de misère en même temps qu'une mobilisation des forces d'en haut, la liturgie catholique dénonce trois fléaux dont elle demande à Dieu de nous préserver : *A peste, fame et bello libera nos Domine!* « De la peste, de la famine et de la guerre, délivrez-nous, Seigneur! »

Certes, la peste et la famine sont d'épouvantables fléaux, et nous ne pouvons, sans frémir, penser à leurs ravages, évoquer leur spectre hideux. Mais le plus terrible de ces fléaux, c'est la guerre, parce qu'il ajoute *le crime* à l'horreur.

Oui, la guerre, la guerre injuste est un crime. En face d'un cataclysme ou d'une catastrophe, nous sommes frappés de stupeur, mais nous ne nous indignons pas. Il y a là une force aveugle, des lois fatales. Mais la guerre est un fléau conscient et libre. Elle est le fait de l'homme et non pas de la nature. C'est un homme, c'est un peuple qui la veut, qui la prépare, qui la déclare, qui la conduit. Elle sort tout armée du cerveau de l'homme et quand il a égorgé un peuple, ruiné un pays, il dit qu'il s'est couvert de gloire. Non, il s'est couvert de crimes : de toutes les blessures de la guerre se lèvera au dernier jour un cri pour le condamner. « Tu ne tueras pas, » c'est le commandement de Dieu, et le crime de la guerre c'est de déchaîner les batailles, de jeter les uns contre les autres des êtres humains pour s'entr'égorger comme des loups.

L'histoire a déjà dit, elle redira définitivement que nous n'avons pas voulu la guerre. Ah! certes, nous la voulons maintenant, car si la déchaîner est un crime, résister à l'ennemi c'est le devoir, le vaincre c'est la gloire, l'écraser c'est le triomphe et nous voulons la guerre jusqu'à la victoire, jusqu'au triomphe!

A d'autres donc le crime ineffaçable, inexpiable, d'avoir voulu cette horrible guerre.

A nous l'honneur d'avoir défendu notre sol et vengé la patrie outragée, envahie, mutilée.

Au lieu des vallons fleuris, des riants paysages, des champs féconds, c'est le chaos des villages dévastés, c'est la vision fantastique des forêts mutilées, c'est la morne étendue des champs sans culture, des plaines crucifiées. Oui, crucifiées! Ah! cette plaine de la Marne, où des centaines de petites croix de bois étendaient à perte de vue leurs bras contre l'ennemi vaincu, comment en perdre le souvenir ?

Voilà ce que la guerre a fait de la France. Eh bien! c'est cette France endeuillée et meurtrie qui vient prier la Vierge très douloureuse. Laissons-la passer, laissons-la pleurer, laissons-la prier. Écoutons sa prière, sa prière de guerre!

Ah! elle est bien le plus émouvant, le plus suppliant des cris de détresse. Écoutez! Il sort de toutes ses blessures; de son sol, de son ciel, de son cœur. C'est la voix de ses morts, c'est la clameur de ses blessés, c'est le cri de ses angoisses.

C'est le *Sub tuum præsidium :* « Nous nous réfugions sous votre protection, ô sainte Mère de Dieu. Ne rejetez pas le cri de notre détresse, mais de tous nos périls délivrez-nous, ô Vierge bénie et glorieuse! »

*
* *

Cri de détresse et prière de guerre, notre prière nationale à la Vierge est aussi un cri de confiance et une prière de victoire.

Mais cette victoire, la victoire prompte et décisive, d'où nous viendra-t-elle ? Qui nous la donnera ? La très sainte vierge Marie, et cela pour deux raisons. D'abord, parce que la France aime la Vierge et puis parce que la Vierge aime la France.

Que la France aime la Vierge, c'est un fait historique, j'allais dire préhistorique, car son amour a précédé son histoire. Le culte de Marie tient à notre sol. Il y a fleuri avant que le sol fût la terre de France. Les Gaulois ne connaissaient pas la Vierge que déjà, sous le gui sacré, à l'ombre des vieux chênes, ils lui dressaient des autels. Et quand sa douce image rayonna devant les yeux de nos Pères, elle les conquit à jamais.

Bien avant le Moyen Age, Elle est déjà « Notre-Dame »: la Dame des troubadours et des chevaliers, la Dame des docteurs, des orateurs, des artistes, la Dame des consciences, où son amour veille comme la lampe allumée devant son image à tous les carrefours de notre vieux Paris.

Ah! oui, la France aime la Vierge! Elle est son architecte ,son soldat, son apôtre, sa consacrée!

Mais la forme supérieure de l'amour, c'est la dévotion et il n'y a pas, je pense, de peuple au monde plus dévot à Marie que la France.

La dévotion à Marie! mais nous l'avons tous dans les mains avec notre chapelet, sur nos lèvres avec nos *Ave*, sur nos poitrines avec nos médailles et nos scapulaires. Nous l'avons surtout dans le cœur par nos consécrations. Et qui donc n'est ou n'a pas été, au moins au matin de sa vie, un jour de première communion, le Consacré de Marie ?

La France aime la Vierge. Mais la Vierge aime-t-elle la France ?

Assurément la très sainte Vierge aime toutes les

nations que Dieu lui a données en héritage en même temps qu'à son Fils. Elle aime tous les hommes que son Fils lui a donnés pour enfants avec saint Jean, au Calvaire. D'ailleurs, mère de la Divine Grâce, dispensatrice des dons de Dieu, Marie doit être le secours de tous les chrétiens, la consolatrice de tous les affligés, le refuge de tous les pécheurs. Mais la Vierge aime la France d'un amour de préférence.

Que ceux qui en doutent aillent à Lourdes, qu'ils viennent seulement s'agenouiller ici ou bien dans la chapelle de la rue du Bac.

Autrement, pourquoi toutes ces apparitions, pourquoi cette révélation de son grand mystère, pourquoi tous ces miracles de sa puissance et de son cœur ? On ne visite que ses amis, on ne dit ses secrets qu'à ceux qu'on aime et les miracles seront toujours des préférences.

Mais, pourquoi cette préférence ? Ah! Marie aime la France en raison même de ses bienfaits. Elle l'aime par choix et par grâce pour les mêmes raisons qui nous la font aimer. La France aime la Vierge parce qu'elle a le sens et le culte de la Beauté, parce que toujours séduite par la bonté, la tendresse, le dévouement, elle trouve dans l'Immaculée son idéal. Et la Vierge, à son tour, aime la France pour sa beauté et sa bonté, pour sa vocation de chevalier de l'idéal, d'un idéal qui lui ressemble.

Or, de ce double amour devait naître dans nos âmes un sentiment de confiance et de cette confiance une prière de victoire.

Cette prière, la voici. C'est comme le souvenez-vous de la France.

« O Vierge, ô Mère, ô Reine! La France est votre royaume, la France est votre patrie. Elle vous a donné son cœur. Vous lui avez donné son âme, une âme à vos couleurs, toute blanche et toute bleue, toute de foi, d'honneur et d'idéal. Notre drapeau c'est le vôtre, nous n'y avons ajouté que notre sang. Défendez donc votre royaume, défendez vos couleurs. Prenez en vos mains bénies et puissantes, le drapeau de la France. Faites-le triompher dans les batailles, faites-le flotter sur les remparts de nos ennemis. Qu'il porte dans ses plis, de l'Orient à l'Occident, la victoire et la paix. »

*
* *

Et la victoire est enfin venue!

Dans tous les clochers de France, le 11 novembre 1918, les cloches s'ébranlèrent et elles ont sonné, les chères cloches de nos églises, le *Te Deum* de la Victoire! Elles l'ont sonné à toute volée, sonné à perdre haleine. Messagères du Dieu des armées, elles ont eu le très grand honneur de jeter à tous les échos de la France la bonne nouvelle de sa victoire. Juste et involontaire hommage rendu à leur voix d'en haut et à leurs services de guerre! Elles avaient tant sonné de deuils et de tocsins depuis quatre ans! Il était juste qu'ayant été à la peine, elles fussent au bonheur, au si grand bonheur de chanter dans la joie de leurs carillons : « Réjouissez-vous, bonnes gens de France, on les a, ils s'en vont, c'est la victoire et c'est la paix! »

Le *Te Deum*, le plus beau peut-être de nos chants liturgiques, est à la fois une acclamation et une supplication. Acclamation à la majesté, à la souveraineté, à la paternité de Dieu, *Te Deum... Te Dominum... Te æternum Patrem!* Formules intraduisibles où le pronom personnel jeté en tête de la phrase fait passer et repasser l'image de l'Infini. Alors, comme effrayé de son audace et de son impuissance, l'auteur vraiment inspiré appelle à son secours toutes les puissances du ciel, les Chérubins, les Séraphins et tombant à genoux il entonne le cantique de l'éternité : *Sanctus! Sanctus! Sanctus!*

Rassuré par cet hommage du ciel, l'auteur inconnu du *Te Deum* ose alors offrir à Dieu les hommages de l'autre Jérusalem, l'Église de la terre, ceux des prophètes, des apôtres, des martyrs. Mais l'Église c'est le Christ! Et l'auteur acclame le Christ : *Tu Rex gloriæ Christe!* Le Christ, fils éternel du Père, le Christ Verbe fait chair! Le Christ sauveur! Le Christ juge des vivants et des morts.

Ici, brusquement, les acclamations s'arrêtent. En face de ce juge qu'il vient d'évoquer, l'auteur tombe une seconde fois à genoux, non plus pour adorer, mais pour supplier. Dans un grand cri de pitié il demande miséricorde au nom du sang rédempteur : *Te ergo quæsumus*... Et l'hymne s'achève en formules suppliantes où les demandes se mêlent aux promesses, les serments aux bénédictions.

Tel est le *Te Deum :* un vrai catéchisme de gloire, d'adoration, de supplication où passe le souffle lyrique des psaumes. Jamais notre liturgie ne fut mieux inspirée. L'Église l'a si bien compris qu'elle a inscrit le *Te Deum* au programme de ses plus grandes cérémonies : ordinations, consécrations des vierges, couronnement des rois, victoire des peuples. Et voilà pourquoi le 17 novembre le *Te Deum* a été chanté dans toutes les églises de France. Aucun hymne, sauf le *Magnificat*, ne pouvait mieux chanter nos gloires et nos espérances.

Nos gloires, parce que toute gloire vient de Dieu et que le *Te Deum* acclame le Dieu des batailles, celui qui a fait de nos morts, de nos chefs et de nos soldats, des vainqueurs.

Nos espérances, parce que le *Te Deum* est une prière

LA MORT DE SAINT AUGUSTIN

au Dieu de qui relève tous les empires et qui seul peut faire de la France victorieuse une France heureuse et meilleure.

*
* *

La France porte à son front l'auréole de toutes les gloires. Mais sa gloire militaire l'emporte sur les autres. Elle rayonne sur toute notre histoire et, j'ose dire, sur toute l'histoire du monde. Après « les gestes de Dieu, » l'épée de la France a écrit ceux du droit et de la liberté. A l'appel de toutes les grandes causes, ses soldats ont toujours répondu : « Présents » et ils les ont fait triompher. Les défaites que la France a subies, — et quel peuple n'en a pas dans son histoire ? — ont pu voiler d'un crêpe son drapeau, mettre une tache noire sur sa carte, le crêpe a été vite emporté au souffle de la victoire et la tache effacée par le sang de ses soldats.

Ils croyaient bien, les vainqueurs de 1870, depuis qu'ils nous avaient vaincus, piétinés, rançonnés, que c'était fini de notre gloire militaire. Impudente et voleuse, l'Allemagne avait ramassé dans la boue et le sang l'auréole tombée du front de la France découronnée. Et elle entendait bien la garder! N'était-elle pas la force! La force qui prime le droit, comme le proclamaient à l'envi ses philosophes avec leur morale de loups!

La force! elle l'était assurément, avec son armée formidable, ses canons monstrueux, ses espions innombrables, sa richesse grandissante... Et tous les ans les soldats s'ajoutaient aux soldats, les canons aux canons, les milliards aux milliards. Et la force enfantait logiquement, périodiquement l'outrage! Alors, aux vrais Français qui osaient s'indigner, l'odieux kaiser montrait son épée aiguisée et sa poudre sèche.

Humiliée, la France vivait pourtant. Mais cette France vivante, là, toute proche, avec ses sursauts de colère et ses espoirs de revanche, inquiétait l'Allemagne. Cette France, riche quand même et prospère, exaspérait leurs convoitises. Eh bien! non! La France a assez vécu. Il faut qu'elle meure. L'Allemagne au-dessus tout ! Le kaiser, empereur d'Occident!

Et ce fut la ruée du mois d'août 1914. Ce qu'ils appelaient la guerre fraîche et joyeuse et que l'histoire appellera la guerre abominable, violant, avec ses cruautés froides, ses destructions systématiques et sacrilèges, ses pillages effrontés, ses razzias sauvages, toutes les lois divines et humaines. Ainsi, selon le vieil adage romain, Dieu rend fous ceux qu'il veut perdre. Après quatre années de batailles, la France, aidée de ses alliés, a vaincu l'Allemagne!

C'est la gloire! La gloire avec son auréole et ses lauriers. Mais la France est reconnaissante. Cette gloire dont la victoire vient de couronner son front, elle la rend à ceux qui l'ont gagnée : aux vainqueurs! Depuis un mois bientôt, nous ne faisons guère que cela : acclamer nos vainqueurs. L'union sacrée s'est faite au moins sur ce point et l'hommage est unanime. Unanime au sens littéral du mot. C'est bien d'une seule âme, d'une même âme que la France glorifie ses morts, ses chefs et ses soldats.

Et la France a raison de glorifier ses morts. Leurs tombes ont été les tranchées contre lesquelles s'est brisé le flot envahisseur, leur sang a été la semence de cette moisson de gloire que nous récoltons aujourd'hui. Oui, honneur à nos morts!

La France a raison de glorifier ses chefs. C'est leur génie militaire qui organisa la victoire. C'est leur foi, leur espoir, leur dévouement à la patrie qui l'ont gagnée. Oui! gloire à nos chefs.

La France a raison de glorifier ses soldats. C'est par leur endurance, leurs souffrances et leurs sacrifices que la patrie a été sauvée, libérée, agrandie. Le sang de nos soldats a été la rançon de l'Alsace et de la Lorraine. Oui! amour et reconnaissance à nos soldats.

Gloire, honneur, amour, reconnaissance! Ainsi notre belle langue française mobilise tous ses grands mots pour en faire comme des litanies à ses vainqueurs. Mais qu'est-ce que la gloire des mots ? Un peu de bruit qui tombe, un rayon qui s'éteint. Ah! je les plaindrais, nos chers vainqueurs, s'ils n'en avaient pas d'autre. Je les plains déjà en entendant les discours dont on les accable. Car enfin, pour tous ces discoureurs, nos morts sont des absents qu'en un magnifique langage ils couchent à jamais dans un linceul de gloire, nos héros ne sont que des heureux gagnants qu'on décore.

Eh! oui, s'écrient-ils, « nos morts ont apporté chacun leur pierre aux arcs de triomphe où passeront nos soldats, mais ils n'y passeront pas, et nous ne pouvons qu'incliner sur leurs tombes nos drapeaux chargés de leurs lauriers. »

Des absents, nos morts, allons donc! Ils sont là! Ils passeront les premiers sous nos arcs de triomphe. Nos morts sont des vivants. Aux yeux des insensés, disent nos saints livres, ils ont paru mourir, mais ils sont dans la paix. Ils vivent, le Christ l'a dit : « Celui qui croit en moi vivra même dans la mort. » Ils vivent et ils sont heureux, des heureux dont Dieu lui-même a essuyé les larmes, nous dit saint Jean, des heureux que Dieu a baptisés dans sa gloire.

En haut nos yeux! Cherchons-les, nos morts, au sein de cette gloire. Regardons-les dans la splendeur de leur baptême, portant ce nom nouveau, mangeant cette manne mystérieuse que l'apôtre nous dit réservée aux vainqueurs. Nos morts sont les couronnés de Dieu.

Et nos héros sont les vainqueurs du Christ, ses chevaliers! Loin de moi la pensée de déprécier croix d'honneur et croix de guerre. Elles sont le signe du courage et du sacrifice, et il convient, il me plaît de m'incliner très bas devant elles. Mais enfin elles ne sont qu'un signe et à ce titre elles tomberont. Celles du Christ ne tomberont jamais parce qu'elles ne s'épinglent pas, celles-là, sur la poitrine de nos héros, elles vont jusqu'à leur âme et leur âme est immortelle. A la gloire des mots et des décorations, il faut ajouter celle de la foi. Et c'est justement ce que font nos *Te Deum.*

Le plus solennel de tous ceux qui furent chantés à Notre-Dame fut celui que Napoléon Ier ordonna après la paix de Tilsitt. L'empereur, nous dit la Chronique, y vint en grande pompe et à l'archevêque de Paris qui le complimenta, il répondit simplement : « Monsieur l'archevêque, toute gloire vient de Dieu. Il m'a donné de grandes victoires, je viens l'en remercier. » Oui! Toute gloire vient de Dieu. Toute gloire doit être rapportée à Dieu son principe et sa fin. Mais le *Te Deum* ne chante pas seulement nos gloires, il consacre encore, ai-je dit, nos espérances.

* * *

Pendant quatre ans nous n'avons connu, nous n'avons voulu qu'une espérance : celle de vaincre! A cette heure, elles sont légion, nos espérances. La Victoire les a fait lever sur ses pas. Elle nous a fait comme un printemps du cœur et le cœur de la France est tout gonflé des promesses de ce printemps.

Assurément, c'était la joie de la victoire qui entraînait, aux jours de l'armistice, sur nos boulevards et par nos rues pavoisées, une foule en délire, qui l'entassait dans les basiliques de Notre-Dame et du Sacré-Cœur. Mais c'était aussi l'espérance. L'espérance de la paix d'abord. Ah! la paix avec ses sécurités et ses garanties! La paix qui va restaurer les foyers et reposer enfin les cœurs, — pas tous, hélas! La paix qui va refaire la « douce » France à son image, et plus douce encore parce qu'elle aura souffert. Finie la menace de leurs canons monstrueux et de leurs Gothas assassins. Finie l'horrible bataille qui bouleversait le sol sacré de la patrie, obscurcissait son ciel et rougissait ses fleuves. Fini l'abominable cauchemar de la guerre avec ses deuils et ses blessures, ses jours sans nouvelles et ses nuits de larmes. C'est l'espérance de la paix!

C'est l'espérance de la justice. Il y a au fond de la conscience humaine un sentiment profond, impérieux de l'ordre moral. Quand cet ordre a été troublé, elle veut, elle exige qu'il soit rétabli. Une injustice, un crime ont-ils été commis, la conscience veut, elle exige la réparation des torts et le châtiment des coupables. C'est la justice. Eh! bien, la France attend cette justice. Des dommages nombreux, graves, presqu'irréparables lui ont été causés. Des crimes monstrueux ont été commis contre ses enfants, ses soldats et ses femmes, elle entend, elle attend que ces dommages soient réparés, que ces crimes soient expiés.

Mais, dira-t-on, c'est la peine du talion, la vieille morale judaïque; dent pour dent, œil pour œil, que vous évoquez-là, vous des catholiques! Que faites-vous donc de l'Évangile et de son grand commandement : la charité.

Il n'y a pas de charité contre la justice. Oui, Jésus a pardonné aux pécheurs, mais il a jeté l'anathème aux Pharisiens. Oui, Jésus a prié pour sa ville et son peuple.

Mais Jérusalem n'en a pas moins été détruite et les Juifs dispersés.

Il n'y a pas de charité sans la justice, au moins sans celle du repentir et des larmes. Et ils ne l'ont pas, cette justice, les bourreaux de notre patrie, toujours orgueilleux, cruels et menteurs. Dieu ne peut pas leur pardonner encore, pourquoi nous le demander à nous, leurs victimes, et comment le pourrions-nous ?

Notre pardon, d'ailleurs, viendrait trop tard. Leurs crimes sont déjà retombés sur leurs têtes et la main de la justice s'est déjà appesantie sur eux. Quel châtiment de leur orgueil, que la défaite. Quel soufflet sur la joue du Néron moderne que cette abdication imposée à sa toute-puissance. Quel effondrement pour la Prusse que ce mouvement séparatiste qui va la laisser seule en face de ses crimes.

Mais laissons-les aux prises avec la justice et continuons la revue de nos espérances. Avec la paix, avec le châtiment des coupables, qu'espérons-nous encore ? Une France heureuse et meilleure. Un peu de bonheur après ces quatre années de deuils et de douleurs sans nom. Un peu de bonheur, c'est-à-dire un peu de bien-être après les restrictions, un peu de joie après tant de souffrances, un peu de détente après l'étau de tant d'angoisses. Espérances modestes et bien humaines mais vite dépassées par cet idéal qui chante en tout cœur français et croyant. Une France heureuse, oui, c'est là notre espérance; mais nous en avons une autre, celle d'une France plus belle et meilleure, celle d'une France chrétienne.

* * *

Telles sont nos espérances. Mais comment les réaliser ? Oh ! ils ne manquent pas, les conseillers d'après-guerre :

politiciens, économistes, philosophes et littérateurs. Il y a longtemps qu'ils nous ont proposé leurs programmes avec leur surenchère de libertés, de progrès et de sophismes. Je ne voudrais faire de peine à personne. Mais à mon humble avis, le chemin de nos espérances ne saurait être et ne sera que celui de la victoire : le chemin du devoir et du sacrifice. Les ouvriers de cette France plus belle et meilleure ce seront tous les vrais Français, encore et plus que jamais unis dans la même tâche sacrée.

Devoir, sacrifice, union sacrée, après la victoire, au sein de la paix! N'est-ce pas là un rêve ? Non! si Dieu nous vient en aide. Et Dieu aide toujours ceux qui le prient. Or nous venons de le prier et combien! et comment! Demandez-le aux voûtes de Notre-Dame, aux échos de Montmartre. Notre *Te Deum* n'a pas été seulement une acclamation au Dieu des armées, il a été une supplication à notre grand Dieu Providence. Il n'a pas chanté seulement nos gloires. Il a consacré nos espérances.

Le Christ roi de gloire a entendu le grand cri de pitié du *Te Deum*, qui nous convient si bien. *Te ergo quæsumus!* Nous vous en supplions, par votre sang précieux, Seigneur, secourez ceux que vous avez sauvés. Pitié pour tous, mais d'abord pour la France dont le sang s'est mêlé à votre sang rédempteur. Et le *Te Deum* continue sa prière nationale : *Salvum fac populum tuum Domine et benedic hæreditati tuæ*, « Seigneur, sauvez votre peuple et bénissez votre héritage. »

Ce peuple! Mais c'est nous! Quel autre dans l'histoire a été plus adopté par Dieu! Oui! la France est vôtre, Seigneur, par vocation et par mission, élue entre toutes pour défendre vos droits et porter votre nom jusqu'aux extrémités de la terre. Eh bien! puisqu'elle est vôtre, sauvez-la! Sauvez-la non seulement de ses ennemis, mais d'elle-même, de ses erreurs et de ses inconstances. La France est la fille aînée de votre Église, le royaume du Christ et de sa Mère, bénissez votre héritage! Et comme si cette formule était encore trop vague à son regard prophétique, l'auteur précise le sens de cette bénédiction. *Et rege eos et extolle illos usque in æternum*, la France a deux grandes passions qui ont déjà fait son malheur. Elle est indépendante et fière. Gouvernez-la vous-même, Seigneur. Exaltez-la vous-même. Prenez en main la cause de ses libertés et de ses gloires. Qu'elles vous soient à jamais consacrées.

Alors ses espérances ne seront jamais confondues. *In te Domine speravi non confundar in æternum!*

APPENDICES

I. Quelques ex-voto.

S'il est impossible de relever tous les témoignages de gratitude qui proclament la puissance et la bonté de Notre-Dame des Victoires, la piété des pèlerins, plus excitée que satisfaite par ceux qui ont été décrits en même temps que telle ou telle chapelle, exige qu'on leur en signale au moins quelques autres.

Mais lesquels choisir ? Ne sont-ils pas tous émouvants ? Voici, de chaque côté du chœur, sur les piliers de la croisée, deux vitrines garnies de trophées et de décorations, pieux souvenirs particulièrement appréciés par les amateurs de nos vieilles gloires militaires. Au-dessous, deux plaquettes en lapis-lazuli sont fixées sur les montants de la dernière stalle. Ce sont les plus riches *ex-voto* de l'église, surtout celui qui est du côté de l'épître. Sur ce même côté, le pèlerin ne lira pas sans émotion le pieux souvenir de Castelfidardo, la reconnaissance des paroissiens de Saint-Laurent, et la guérison subite de Mlle Fournaise, le 12 avril 1859.

Ma bonne Mère
Je ne vous quitterai pas que je ne sois exaucée
Oh! Merci, je suis guérie...
Venez vite avec moi remercier la sainte Vierge.

Tout à côté, le premier pilastre du chœur est rempli tout entier par quatre grands cadres dorés, ornés de cœurs, le dernier si touchant que nous ne résistons pas au plaisir de le citer tout entier. Il est en italien, mais tout le monde le comprendra :

Omagio d'amor et di riconoscenza
a Maria
Refugio dei Peccatori.

O TU tenera Madre Che hai esaudito le mie preci e quale smarrita pecorella mi hai fatto rientrare nell' Ovil del Pastor Divino, aggradisci i mei voti di filial amor e d'eterna riconoscenza.

De l'autre côté, au-dessous des lapis-lazuli, un ravissant petit Jésus en bronze est tout étonné de se trouver là ; c'est un *ex-voto* de reconnaissance, ainsi que l'indique une courte inscription gravée sur le socle de la sainte image. Sur le pilastre voisin, mêmes encadrements qu'en face, et parmi eux le plus émouvant de nos souvenirs : l'*ex-voto* de la Pologne. Sur une large table de marbre blanc, sertie de marbre rouge, est gravée, en latin, au-dessous d'un cœur percé de glaives, l'inscription suivante :

« A la Vierge, mère de Dieu, reine de Pologne, pleins de joie que son Immaculée Conception ait été déclarée, prononcée, définie par N. S. P. le pape Pie IX, le 8 décembre 1854, et mettant en son Cœur toutes leurs espérances, les Polonais ont élevé ce monument. » Sous cette inscription sont représentées, les armes de Pologne, et plus bas, on lit encore : *Hi in curribus et hi in equis ; nos autem In nomine Mariæ invocabimus.*

« Les uns mettent leur confiance dans leurs chariots

rapides, les autres dans leurs coursiers : la nôtre est dans le nom de Marie que nous avons invoqué. »

L'histoire de cet *ex-voto* mérite d'être conservée. En 1855, — l'édit de proscription est de 1831, — il y avait déjà vingt-cinq ans que souffrait la Pologne exilée. La colonie polonaise de Paris voulut alors en même temps commémorer, avec ce jubilé de douleur, le premier anniversaire, pour la Vierge de sa glorification suprême sur la terre, par la définition du dogme de l'Immaculée Conception.

Le 13 décembre 1855 fut choisi pour une cérémonie solennelle. La veille avait été scellée dans la muraille la grande table de marbre : le cœur seul n'était point encore placé. Comme un symbole parlant de leur consécration, les donateurs avaient tenu à l'apporter eux-mêmes, en solennel pèlerinage, afin que leur geste eût une signification plus marquée, officielle en quelque sorte, sans d'ailleurs lui enlever rien de son intégrité et de sa ferveur passionnée.

« Sur ce cœur est gravé l'image de Notre-Dame de Czeustochowa, l'un des vocables de la Mère de Dieu les plus chers à la piété des Polonais. Il est percé de glaives pour signifier que ceux qui l'offrent sont dans la douleur et les larmes, comme la Vierge au Calvaire. Dans ses replis se trouvent cachées des offrandes d'un emblématique langage : de la *terre de Pologne*, de cette terre dont quelques saints pontifes ont dit : « Qu'il suffit de la presser dans la main pour en faire jaillir le sang des martyrs ; » un *peu de pain*, plus encore arrosé de larmes que de sueurs, « de ce pain dont la Pologne nourrit tant de nations et qui manque depuis si longtemps à ses fils exilés ; » *quelques pièces de monnaie frappées en 1831*, enfin *des bijoux* donnés par de nobles femmes de Pologne, *une croix* de vertu militaire, qui brillait naguère sur la poitrine généreuse d'un jeune guerrier, défenseur de son pays [1]. »

Au cours de la cérémonie, le P. Alexandre Jelowicki exprima, dans un discours saisissant, les souffrances et l'espoir de sa patrie : « Nos cœurs sont pleins de gémissements; autrefois dans nos mains brillaient des armes valeureuses; aujourd'hui elles n'ont à soutenir que le bâton du pèlerin et de l'exilé. Au lieu des lauriers de la victoire, nos têtes sont couvertes de la cendre de nos temples renversés, de nos campagnes ravagées, de nos cités brûlées! Mais, nation découronnée, non découragée, nous nous rangeons autour de Marie, bien assurés qu'un peuple qui lui appartient peut être humilié, éprouvé, châtié même, mais ne peut jamais périr, tant qu'il lui reste fidèle. »

La réponse de M. Desgenettes fut toute de sympathie et de consolation : « Toutes les fois que mes yeux se porteront sur le cœur de douleur que vous offrez à Marie, il me rappellera qu'au milieu de nous, il y a une nombreuse famille d'enfants de Dieu, exilés, malheureux, souffrants, et mon cœur suppliant s'élèvera vers votre Reine pour implorer les grâces dont vous avez tant besoin dans vos dures épreuves. Continuez, mes Frères, à les supporter noblement, et tout en demandant, avec une soumission parfaite à la volonté de Dieu, le rétablissement de votre chère patrie, tournez vos regards vers l'autre patrie, vers ce royaume céleste promis par Notre-Seigneur Jésus-Christ dans cette bénédiction qui vous touche de si près : « Bienheureux ceux qui souffrent persécution pour la justice, parce que le royaume des cieux leur appartient. »

1. *Le Pèlerin de Notre-Dame des Victoires,* par M. l'abbé Dumax.

Puis le cœur fut béni, fixé sur la grande plaque de marbre devant laquelle on alluma une lampe qui brûle nuit et jour.

Aujourd'hui que la Pologne est libérée, on ne saurait sans émotion se rappeler cette touchante cérémonie, relire la confiante imploration qui a été entendue par la Mère de miséricorde.

Des sentiments identiques et une protection semblable s'affirment dans une inscription placée dans la chapelle de la Sainte-Vierge au-dessous du tableau de gauche, au milieu des cierges :

LES DAMES DE STRASBOURG
RÉPARATION. FIDÉLITÉ. AMOUR.
ESPÉRANCE. 1871.

De l'autre côté, sous la voûte qui donne accès à la chapelle Sainte-Anne, ce remerciement de parents favorisés :

VOUS AVEZ SAUVÉ MON FILS PENDANT LA GUERRE
UN PÈRE ET UNE MÈRE RECONNAISSANTS

A signaler encore cet *ex-voto* d'une mère :

F. H. ENLEVÉ AUX TUILERIES A L'AGE DE DEUX MOIS
LE 16 SEPTEMBRE 1859 RETROUVÉ A ORLÉANS LE 21

Et enfin, cet autre d'un fils :

PROTESTANT CONVERTI
APPELÉ AU SACERDOCE
GRACE A VOUS O MARIE

J'ai eu le bonheur de baptiser ma mère.

« Nous avons vu, écrit M. Dumas, le jeune prêtre qui

a fait placer cet *ex-voto* auprès de l'autel de l'Archiconfrérie : Jamais nous n'oublierons l'expression de son visage et l'émotion de son cœur qui se trahissait jusque dans ses traits, lorsqu'il nous avoua que le protestant converti, c'était celui qui nous parlait; lorsqu'il nous ajouta, les yeux humides de larmes, que quelques jours auparavant, Dieu lui avait accordé la grâce de voir sa bien-aimée mère abjurer l'erreur protestante, et que lui, son fils, avait eu l'honneur et le bonheur de régénérer dans les eaux du baptême catholique celle qui lui avait donné la vie. »

Mentionnons encore, dans un autre ordre d'idées, le magnifique marbre qui se trouve entre la statue de saint Pierre et l'autel de saint Joseph, dans le passage. C'est un tableau gravé au burin. La sainte Vierge y est représentée dans le ciel, étendant les mains, en signe de protection, au-dessus d'un paysage montagneux. Entre deux montagnes s'enfonce un précipice, dont les bords retiennent le tronc d'un arbre abattu. En dessous est gravé ce texte :

PENDANT LES VINGT ANNÉES
D'EXPLORATIONS MINÉRALOGIQUES QUE J'AI PASSÉES
AU FOND DE LA SIBÉRIE, SEUL, PARFOIS EN FACE DE
LA MORT ET CONSTAMMENT EN PROIE A D'INDICIBLES
ALTERNATIVES D'ESPOIR ET DE DÉCOURAGEMENT
J'AI SANS CESSE INVOQUÉ LA SAINTE VIERGE
ELLE A TOUJOURS DAIGNÉ ME VENIR EN AIDE
1869 J. P. ALIBERT.

Laissons aux pieux pèlerins le soin de découvrir parmi les milliers d'*ex-voto* qui couvrent les murs, les inscriptions qui leur parleront au cœur et accroîtront leur confiance en la miséricorde de la Vierge puissante.

II. Quelques inscriptions du Livre d'or.

Il a déjà été dit que les archevêques de Paris se sont tous plu à témoigner de leur vénération singulière et de leur confiante dévotion envers Notre-Dame des Victoires. Le cardinal Dubois n'a pas manqué à cette tradition pieuse : dès le lendemain de son intronisation, le 11 décembre 1920, il venait consacrer au Cœur immaculé son ministère à Paris, et c'est par la salutation liturgique qu'il exprima son hommage à la Mère admirable : *Salve Regina, mater misericordiæ !*

Lors de ses autres visites à notre sanctuaire — et elles furent fréquentes — il se contenta habituellement d'apposer sa signature sur les feuillets de notre livre d'or. Telle était aussi la coutume du cardinal Amette, qui venait chaque année, le 25 janvier, anniversaire de sa consécration épiscopale, célébrer une messe d'action de grâces à Notre-Dame des Victoires, et se plaisait à y revenir souvent. Un jour cependant — c'était en 1912 — il ne put s'empêcher d'extérioriser le vœu de son cœur : *Au treizième anniversaire de sa consécration épiscopale,* écrit-il, *l'archevêque de Paris demande à Notre-Dame des Victoires de bénir plus que jamais son ministère, pour le salut de son grand peuple.*

Le cardinal Richard, venu très souvent, se bornait ordinairement, lui aussi, à une simple signature; cependant il rompt ce silence lorsqu'il s'agit de glorifier un de ses prédécesseurs, un martyr : *24 mai 1887, en l'anniversaire de la mort de Mgr Darboy : « Bonus pastor animam suam dat pro ovibus suis ».*

Le cardinal Guibert était venu, le jour de son élévation au siège archiépiscopal de Paris, puiser en sa foi à Notre-Dame des Victoires la certitude de la force : *Je suis venu,* écrit -il le 29 avril 1872, *célébrer la sainte messe à Notre-Dame des Victoires pour placer mon apostolat à Paris sous la protection de la très sainte Vierge. J'ai la confiance que cette tendre et puissante Mère, qui accorde tant de grâces à ceux qui viennent la prier dans son sanctuaire, ou qui l'invoquent de loin, daignera assister et soutenir celui de tous qui a le plus grand besoin de sa protection, et qui n'a accepté le fardeau qu'on a voulu imposer à sa faiblesse que dans l'espérance que Notre-Dame des Victoires lui donnerait la force de vaincre toutes les difficultés qu'il rencontrerait dans son ministère.*

Combien d'autres évêques ont recouru à la même protection au moment d'assumer les charges de l'épiscopat! Voici, par exemple, Mgr Colet, qui vient à Notre-Dame des Victoires, le 28 janvier 1875, avant d'aller prendre possession du siège de Tours, un peu plus tard Mgr Cotton tient à consacrer au Cœur immaculé le diocèse de Valence dont il devient évêque.

Parfois la nécessité de la protection maternelle est exprimée en termes émouvants, parce que profondément sentie. *Cœur immaculé de Marie, conservez-moi les moyens de donner du pain à vos enfants d'Haïti!* s'écrie l'évêque du Cap-Haïtien.

O Notre-Dame, Reine des Victoires, implore un autre pontife missionnaire, *obtenez de votre divin Fils au pauvre vicaire apostolique de la Nouvelle-Calédonie la victoire sur la barbarie sauvage et sur la barbarie savante que vous lui confiez!*

Mgr Augouard, l'évêque des Noirs du Congo invoque la même protection : *O Marie, refuge des pécheurs, consolatrice des affligés, prenez en pitié les pauvres malheureux esclaves vers lesquels je suis envoyé. Faites tomber leurs chaînes, et que nous nous trouvions tous libres du péché pour que vous puissiez nous présenter à votre divin Fils,*

LES RELIQUES DE SAINT AUGUSTIN

et que nous jouissions de sa présence pendant toute l'éternité!

Toutes ces âmes d'évêques qui se rencontrent ici, unies dans une dévotion semblable au Cœur immaculé, c'est bien l'âme même de notre sanctuaire, âme catholique et française, toujours forte, toujours consolée par la toute-puisante bonté de Notre-Dame des Victoires.

Parmi les prières qui s'expriment dans notre livre d'or, quelques-unes sont, entre toutes, d'un effet pénétrant, celles qui sont dites pour la France par les évêques étrangers *Robert Menissi, évêque-coadjuteur à Philippopolis (Bulgarie) a célébré aujourd'hui*, écrit-il lui-même, *pour la santé de la France et se recommande aux oraisons des fidèles, 23 octobre 1881.* † François Pesci, *O. S. H., Ev., vicaire apostolique de Patna. Je prie la bonne Mère de sauver la France et de donner la paix à toute « l'Ecclesia. »* 14 août 1884.

J'ai célébré la sainte messe en l'honneur de la très sainte vierge Marie, afin qu'elle prie pour le bonheur de la France et obtienne la récompense à tous mes bienfaiteurs, qui ont bien voulu venir à mon aide. Je prie Notre-Dame des Victoires d'exaucer ma prière et de m'obtenir de son divin Fils ce que je désire pour le bien de la France. † Fr. Louis Canaro, Capucin, évêque de Candie, dans l'île de Crète. 27 octobre 1885. »

Citons encore la prière de ce vicaire apostolique dont une inondation a ravagé la cathédrale et qui cherche au Cœur Immaculé le secret d'une soumission filiale à la divine volonté : *Aux pieds de Marie toujours, il est doux de répéter... Sit nomen Domini benedictum. † Emm. Verrolles, év., vicaire apostolique de la Mandchourie.* 18 novembre 1871. »

On ne saurait passer sous silence la déclaration de l'illustre patriarche dont la renommée s'étend de l'Orient à l'Occident : *Ignace Ephrem II Rahmani, patriarche syrien d'Antioche*, écrit-il le 5 septembre 1923, *s'est empressé de venir, au moment de son voyage à Paris pour la seconde fois, célébrer la sainte messe en langue syriaque à l'autel de la sainte Vierge dont il invoque l'intercession puissante pour lui, pour son patriarcat, pour toutes les personnes qui se sont recommandées à lui, et pour la France.*

Dès l'année 1893, le 13 juillet, alors qu'il était archevêque de Bagdad, il était venu, dit-il, *implorer par l'intercession de Notre-Dame des Victoires les grâces divines pour le retour de l'Orient à l'Église mère, et pour la France, protectrice spéciale de l'Orient.*

Or, sur le feuillet qui fait face à celui-là, le cardinal Langénieux, revenant du Congrès eucharistique de Jérusalem le 4 juillet, avait formulé le vœu que *de ces fêtes saintes sortent pour le salut de l'Orient tous les fruits que le pape en attend.*

Et par une rencontre impressionnante, au même endroit est mentionné le passage de Celui qui devait devenir le pape Pie XI, *Achille Ratti, attaché à la bibliothèque ambrosienne*, venu en France en qualité de secrétaire de Mgr Tedeschi, ablégat apostolique, qui apportait la barrette rouge au cardinal Bourret.

Ces quelques indications suffiront à donner quelque dée des richesses de notre Livre d'or.

TABLE DES MATIÈRES

Imprimerie LETOUZEY ET ANÉ, 87, Boulevard Raspail, PARIS-VI
R. C. Seine 218 260 B.

LA SAINTE BIBLE

(TEXTE LATIN ET TRADUCTION FRANÇAISE)

COMMENTÉE D'APRÈS LA VULGATE ET LES TEXTES ORIGINAUX

A L'USAGE DES SÉMINAIRES ET DU CLERGÉ

Par L.-Cl. FILLION

Prêtre de Saint-Sulpice

Ancien Professeur d'Exégèse à l'Institut catholique de Paris.

8 BEAUX VOLUMES IN-8° ORNÉS DE 1 350 GRAVURES SUR BOIS

PRIX : 100 FRANCS

Chaque volume se vend séparément au prix de 12 fr. 50 net.

Comme les travaux analogues parus antérieurement en France et ailleurs, cette publication se compose de trois parties distinctes : le *texte latin* de la Vulgate; en regard, la *traduction* de Sacy, souvent retouchée et rendue plus conforme au texte; les *notes*, qui forment naturellement le corps de l'ouvrage. De courtes *introductions* sont placées en tête de chaque livre.

Malgré la brièveté de la rédaction, les notes sont aussi complètes que possible, et mises au niveau de la science biblique contemporaine. On s'est efforcé de les rendre *suggestives* de manière à ouvrir au lecteur des horizons multiples et à exciter en lui le désir des recherches et des méditations approfondies.

L'auteur s'attache surtout à bien faire connaître le *sens littéral* des saints Livres, en appuyant, ainsi qu'il convient, sur les passages difficiles et sur les textes les plus importants au point de vue théologique.

Les renseignements historiques, géographiques, archéologiques, scientifiques, utiles à l'intelligence du sens, sont toujours fidèlement fournis. On signale de même les *divergences* des *textes originaux*, quand elles présentent quelque gravité ou quelque intérêt.

De *nombreuses gravures*, empruntées soit aux monuments de l'antiquité, soit à l'histoire naturelle, et de magnifiques vues reproduites d'après des photographies récentes, rendent l'intelligence du texte encore plus facile et plus intéressante.

www.ingramcontent.com/pod-product-compliance
Ingram Content Group UK Ltd.
Pitfield, Milton Keynes, MK11 3LW, UK
UKHW020255180726
13839UKWH00001B/320